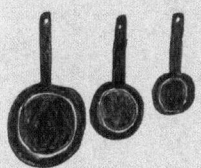

오늘의 건강 집밥

하루에 딱 30분만 밥하자!

오늘의 건강 집 밥

김남연 지음

Prologue

쿨캣의 데일리 웰빙 식탁으로 여러분을 초대합니다!

'김남연'. 늦둥이로 태어난 무남독녀 외동딸이 외롭지 않고 따뜻하게, 안온한 삶을 살길 바라셨던 바람을 담아 부모님이 지어주신 제 이름입니다. 하지만 지금은 본래의 이름보다 '쿨캣'이란 닉네임이 더 자연스럽고 편안하게 들린다고 하면 부모님께서 섭섭해하실까요. 그러나 부모님의 염원 덕분인지 블로그를 통해 많은 분들을 만나고 사랑 또한 듬뿍 받고 있으니 이름 덕을 본 것도 맞는 것 같습니다.

영문학자였던 아버지께선 지금으로 말하면 신세대 아빠셨어요. 주말에는 손수 요리를 만들어주시곤 했으니까요. 어떤 날은 알록달록 오믈렛을, 또 어떤 날은 새콤달콤 토마토 스파게티를 만들어주셨지요. 특히 아빠가 만들어주시던 햄버거스테이크는 정말 잊을 수 없을 만큼 최고의 맛이었어요. 아빠는 양식 요리를 담당하셨고, 엄마는 한식 요리 담당이셨지요. 게다가 엄마가 만들어주시던 칼칼한 갈치조림은 지금까지도 레시피를 궁금해하는 사람이 있을 정도니 그 특별한 맛을 짐작할 수 있겠지요?

똑같은 달걀말이를 하더라도 엄마가 만들면 맛이 좀 더 특별했어요. 접시에 비스듬하게 썰어 담은 모양새가 하도 예뻐서 도시락 반찬으로 싸가면 친구들에게 홀랑 빼앗기곤 했으니까요. 엄마가 요즘 말로 감각이 좀 있으셨던 것 같아요.

요리책을 내자는 제의를 받았을 때 '과연 내가 할 수 있을까' 하는 염려도 있었어요. 하지만 블로그를 통해 이웃들과 소통하던 그대로 편안하게 이야기하듯 늘 즐겨 먹는 우리 집 음식들을 소개하면 될 것 같다는 생각으로 용기를 냈습니다.

일 때문에 가까이서 자주 접하게 되는 많은 어르신들과 특히 엄마의 투병 생활을 지켜보며 신선한 채소나 나물 위주의 음식들이 자연스레 식탁의 대부분을 차지하게 되더라고요.

굳이 대형 마트나 슈퍼마켓을 가지 않더라도 늘 가까이에서 볼 수 있고, 냉장고만 열면 항상 준비되어 있는 소박하고 친숙한 식품들. 그것들이 바로 제 요리의 주 재료들입니다.

여기에 기본에 충실하면서 '정성'이란 양념과 때로 조금 특별한 아이디어를 가미해 간편하고 지루하지 않은 건강한 집 밥을 만드는 것. 그것이 바로 제 요리의 기본이고요. 더불어 현대인이라면 피해 갈 수 없는 인스턴트식품을 좀 더 바르고 건강하게 먹는 방법을 찾고자 하는 노력도 잊지 않고 있습니다. 그래서 제 요리책엔 특별히 고가이거나 구하기 어려운 재료들은 별로 없답니다.

우선은 쉽게 구할 수 있는 재료로, 누구라도 어렵지 않게 만들 수 있도록 돕는 것이 쿨캣 레시피의 특징입니다. 여기에 어디서도 볼 수 없었던 조금은 특별한 만들기 비법을 제안 드려봅니다.

보통 건강식이라 하면 약초, 약재를 이용한 한방선식을 가장 먼저 떠올립니다. 또는 별도로 재료를 찾고 구해야 하는 다소 번거로운 요리법도 많습니다. 하지만 특별한 재료가 아닌 어디서든 쉽게 접할 수 있는 재료로 손쉽게 만들어야 더욱 가치가 있다고 생각합니다. 그러므로 만만한 식재료만으로 간편하게 만들면서 내 몸이 즐거워지는 '생활 속 웰빙식'을 담아 보려고 애썼습니다.

마지막으로 전문 사진가도 아닌 제가 똑딱이 카메라로 시작한 요리 일기이다 보니 아무래도 부족한 점이 많습니다. 그래서 세련되고 멋진 요즘의 요리책들과 비교했을 때 다소 차이가 나는 것이 아닌가 하는 부담감도 있습니다. 하지만 요리책은 사진보다는 레시피가 핵심이고, 내용이 중요하다는 생각과 편집 팀의 막강한 힘을 믿고 용감하게 시작했습니다.

조금만 관심을 가지고 신경 쓰면 얼마든지 맛있는 음식을 먹으면서 건강까지 챙길 수 있습니다. 그 과정에 쿨캣의 건강 요리가 작으나마 도움이 되길 바라며 말 그대로 '힐링'이 될 수 있었으면 하는 작은 바람을 가져봅니다.

김남연

Contents

prologue —————— 04

INTRO
맛내기의 기본

쿨캣의 건강 밥상을 위한
기초 정석 —————— 12

요리의 깊은 맛을 살리는
천연 육수와 대체 양념 —————— 14

피해 갈 수 없다면,
가공식품 퀵 조리법 —————— 20

도구 없이도 계량하는
손쉬운 방법 —————— 22

PART 1
밥과 죽

연근현미밥	28
김치콩나물국밥	30
모듬버섯밥	32
단호박영양밥	34
황태약고추장과 쌈밥	36
키조개쌈장과 쌈밥	38
가지쇠고기밥	40
시래기묵은지밥	42
낫토볶음밥	44
일식베이컨덮밥	46
연어회덮밥	48
연어새싹비빔밥	50
명란두부볶음밥	52
두부소보로밥	54
짜장볶음밥	56
중화풍 새우양송이덮밥	58
토마토컵치즈밥	60
사과요거트카레	62
고구마사과죽	64
우엉죽	66

검은콩죽	68
동지팥죽	70
송이버섯쇠고기죽	72
황태콩나물죽	74
우렁근대죽	76
오징어버섯죽	78
매생이전복죽	80
대합버섯죽	82
맛조개파래죽	84
미역참치죽	86

PART 2
국과 찌개

배추시래깃국	90
얼갈이배춧국	92
달걀순두부국	94
달래미소두부국	95
단호박두부국	96
얼큰쇠고기국	98
파래굴국	100
황태감자국	102
성게알미역국	104
굴두부국	106
조랭이떡미역국	108
두부애호박젓국찌개	110
명란두부찌개	112
명란비지찌개	114
오징어두부찌개	116
대파달걀탕	118
우엉들깨탕	120
콩장콩탕	122
매운어묵탕	124
홍합어묵탕	126

PART 3
나물과 반찬

콩나물달래무침 — 130
애호박들깨나물 — 132
얼갈이배추청국장무침 — 134
실파김무침 — 136
세 가지 맛 시금치나물 — 138
무팽이버섯나물 — 140
열무들깨볶음 — 142
시래기찜 — 144
어묵채소무침 — 146
가지양념구이 — 148
단호박고추장볶음 — 150
감자볶음 — 152
볶은콩자반 — 154
알감자버터조림 — 156
전복조림 — 158
오징어양념구이 — 160
북어채쪽파무침 — 162
삼치강정 — 164
어묵달걀찜 — 166
참치김치볶음달걀말이 — 168
절편달걀말이 — 169
오이와사비무침 — 170
단감피클 — 171

PART 4
면과 수제비

감자들깨칼국수 — 174
홍합칼국수 — 176
굴짬뽕 — 178
냉이된장라면 — 180
콩나물라면냉채 — 182
참치묵은지비빔면 — 184
복숭아비빔국수 — 186
어묵비빔국수 — 188
콩나물비빔국수 — 190
팽이버섯비빔국수 — 192
굴미역비빔국수 — 194
참외미역냉국 & 냉국수 — 196
가지오이냉소면 — 198
검은콩국수 — 200
수박오디들깨수제비 — 202
뽕잎수제비 — 204
김치수제비 — 206
바지락만두수제비 — 208

PART 5
일품요리와 안주

두부버섯콩나물찜	212
훈제오리매운볶음	214
연어무쌈말이	216
버섯소스두부스테이크	218
어묵고구마가스	220
두부스크램블	222
시금치달걀스크램블	224
밥피자	226
떡국그라탱	228
만두피라자냐	230
쁘띠두부김치	232
고르곤졸라떡국떡피자	234
찹스테이크	236
감자치즈구이	238
마늘종베이컨말이	240
감자베이컨샐러드	242
봄동도토리묵무침	244
고갈비	246
뱅어포참치두부샌드위치	248
무팽이버섯전	250
연근참치전	252
메밀전	254
마른해물전	256
굴대파전	258
골뱅이팽이버섯전	260

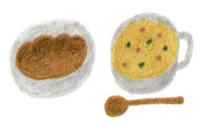

PART 6
수프와 빵

두유쌀수프	264
감자치즈수프	266
토마토달걀수프	268
단호박크림수프	270
밤크림수프	272
감자크림수프	274
사과크림수프	276
바나나크림수프	278
요거트머랭프렌치토스트	280
길거리 토스트	282
훈제오리샌드위치	284
피시커틀릿샌드위치	286
두부고추장소스샌드위치	288
밥도그	290
김치샌드위치	292
사라다빵	294

INTRO

도구 없이도 요리할 수 있는 손쉬운 계량법
피해 갈 수 없다면… 자주 먹는 가공식품 퀵 조리법
요리의 깊은 맛을 살리는 천연 육수와 대체 양념
쿨캣의 건강 밥상을 위한 기초 정석

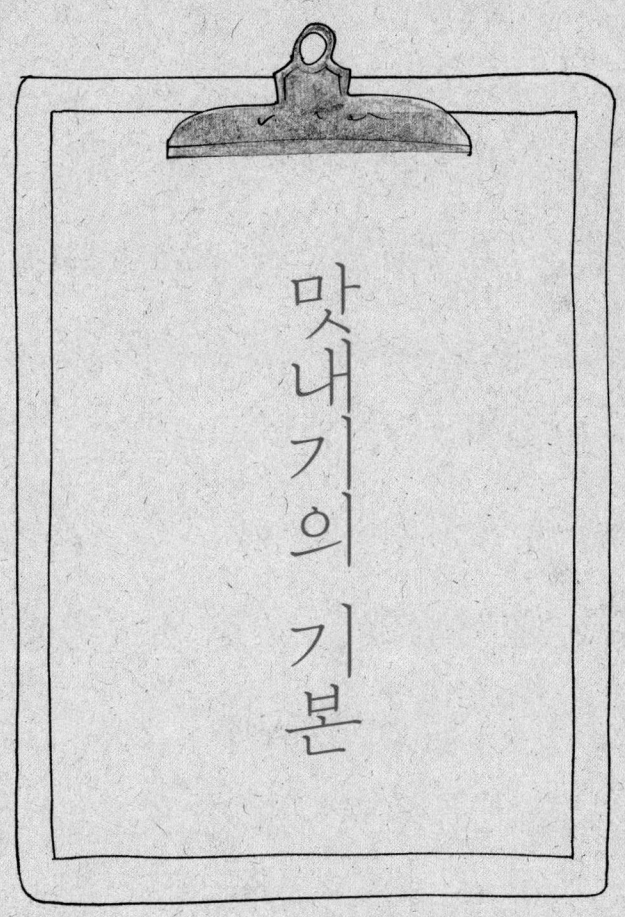

맛내기의 기본

건강한 집 밥을 만들기 위해 꼭 필요한 다양한 종류의 기본 양념 만들기에서부터
손쉬운 계량법과 조리법의 원칙 등 독특한 레시피로 주목받는 쿨캣의 요리 비법을 모았다.
요리 시간을 더욱 즐겁게 해줄 유용한 정보들을 따라 하다 보면
매 끼니때마다 보다 풍성하고 건강한 식탁을 차릴 수 있을 것이다.

Cooking Note 1

쿨캣의 건강 집 밥을 위한
기초 정석

'밥이 보약이다'라는 말이 있다. 하지만 요즘에는 밥을 보약처럼 먹기가 쉽지 않다. 집 밥 만들 때 쓰이는 식재료나 양념, 육수 등 시판되는 것을 무심코 사용하다 보면 어느새 유해 성분에 노출되기 쉽고, 집 밥 고유의 건강한 의미를 잃을 수도 있기 때문이다. 특히나 집에 성장기 아이들이나 건강을 살펴야 하는 어른이 있는 경우라면 반드시, 몇 가지 '건강 밥상' 정석을 정해 놓고 꾸준히 지키기를 권한다.

나는 가능한 한 제철에 나는 식재료를 바탕으로, 주변에서 흔히 볼 수 있는 친숙한 재료를 이용한다. 인공 조미료를 사용하지 않고 기본에 충실하면서 조리 방법은 간소화하되 반짝이는 아이디어를 가미하는 것이 건강 밥상을 위한 원칙. 평소에 늘 즐겨 먹을 수 있는 쉽고 무난한 요리를 만들기 위해 노력하는 것도 잊지 않는다.

RULE 1 제철 식재료를 이용한다

오늘은 무얼 해 먹을까? 모든 주부들의 한결같은 고민이다. 이런 고민을 해결하는 정답은 요즘 어떤 식재료가 시장이나 마트에 많이 나와 있는지를 살펴보는 것. 메뉴 걱정을 덜어주는 것은 물론, 제철 식재료에는 그 계절에만 얻을 수 있는 고유의 영양이 듬뿍 담겨 있기 때문이다. 제철 식재료를 활용한 음식만으로도 얼마든지 건강을 지킬 수 있으니까. 요즘은 사철 재배되어 나오는 채소들도 많지만 여름에 많이 생산되는 감자나 부추, 가을무와 뿌리채소 등은 제철에 먹어야 제맛이 난다. 제맛이 난다는 것은 재료 고유의 영양을 듬뿍 품고 있다는 증거다.

RULE 2 천일염을 사용한다

나는 어느 요리에나 빠지지 않고 들어가는 소금에 상당히 깐깐한 편이다. 시중에 판매하는 다양한 소금을 두루 갖추고 있지만, 요리할 때 언제나 먼저 손이 가는 것은 천일염이다. 생각보다 다양한 요리에 소금이 들어가고, 맛을 낼 때뿐 아니라 시금치 등의 잎채소를 데칠 때에도 사용한다. 때문에 그러므로 소금은 조금 비싼 값을 치르더라도 천일염을 사용하는 것이 건강 밥상을 위한 필수 조건이다. 내 경우에는 천일염이나 함초 소금 등은 현지 생산자를 수소문해서 인터넷이나 유선을 통해 직접 주문해서 구입하는 편이다.

RULE 3 되도록 유기농 제품을 이용한다

웰빙 바람을 타고 건강한 먹을거리에 대한 관심이 어느 때보다 커지고 있는 요즘이다. 마트에 가면 친환경 마크를 달고 있는 제품들을 쉽게 볼 수 있다. 이것의 함정은 '친환경'과 '유기농' 사이에도 간극이 있다는 것이다. 보통 친환경 제품이라고 하면 모두 농약을 사용하지 않는다고 생각하는 주부들이 많은데, '유기농' 혹은 '전환기 유기농' 등의 마크가 붙어 있지 않은 재료는 단지 농약 사용량을 줄였을 뿐 잔류 농약이 어느 정도 남아 있다는 것이다. 그러므로 가급적 유기농 제품을 구입하되 유기농이 아닐 경우에는 최대한 유해 성분을 제거할 수 있는 방법을 이용해 세척 후 요리하는 것이 좋다.

RULE 4 인공 조미료 대신 천연 조미료를 사용한다

요즘엔 웰빙을 표방한 조미료들도 많이 나와 있다. 비교적 업그레이드된 제품이긴 하지만 첨가물이 전혀 들어가 있지 않은 것은 아니다. 따라서 가장 안전한 방법은 천연 조미료를 직접 만들어 쓰는 것이다. 천연 조미료를 만들 땐 막상 일이 많은 것 같아도 맘먹고 미리 만들어두면 오래 두고 사용할 수 있는 것이 장점이다. 그중 대표적인 것이 마른 표고버섯, 마른 새우, 마른 조갯살, 마른 멸치, 마른 다시마 등을 갈아서 만든 천연 조미료와 맛간장, 맛술 등이다.

Cooking Note 2

요리의 깊은 맛을 살리는
천연 육수와 대체 양념

비린내가 심한 생선이나 누린내가 몹시 나는 육류 요리, 그리고 각종 요리 시 잡맛을 잡아주기 위해 나는 주로 맛술을 이용한다. 넓은 의미에서 보면 요리할 때 알코올 성분을 이용해 잡내를 제거하고 육류를 부드럽게 조리하는 등의 목적으로 사용하는 와인, 소주, 막걸리, 청주, 세리주, 브랜디 등의 술들은 모두 맛술이라고 할 수 있다.

그렇다면 맛술과 청주는 어떻게 다를까? 내가 생각하는 맛술이란 단순히 넓은 의미의 잡내 제거용 술이라기보다 조리에 적합하게 만들어진, 그래서 요리마다의 깊은 맛을 살리는 요리용 맛술을 의미한다. 청주와 요리용 맛술은 그 효과가 거의 비슷하게 느껴지지만 의외로 매우 다른 면이 있다. 청주는 말 그대로 알코올 그 자체인 데 비해, 맛술은 청주에 당분이나 조미 성분을 어느 정도 첨가해 좀 더 요리에 적합하게 만든 술을 말한다. 보통 마트에서 쉽게 구할 수 있는 맛술 종류가 여기에 속한다.

마트에서 구매해 사용해도 좋지만 직접 만들면 좀 더 안심하고 음식을 만들 수 있지 않을까 하여 맛술, 데리야키 소스, 생강술 등은 직접 만들어 사용한다. 본격적인 요리를 시작하기 전에 그 몇 가지 방법을 소개할 참이다.

맛술

1 키친타월에 물을 묻혀 다시마의 표면만 가볍게 닦는다.
2 양파는 껍질을 벗겨 물기 없이 준비하고 표고버섯과 마른 고추는 가볍게 닦거나 물에 살짝 씻어 물기를 완전히 말린다. 생강과 마늘은 껍질을 벗겨 다듬은 뒤 물기를 제거한다.
3 병은 열탕 소독하여 말린 다음, 준비한 재료를 차곡차곡 차례로 담는다. 될 수 있으면 재료는 모두 통째 넣는다.
4 분량의 청주를 병 입구까지 가득 붓고 레몬즙과 설탕을 넣는다. 완성한 맛술은 밀봉한 상태로 냉장실에서 한 달간 숙성시킨다. 이때 맛술을 만든 날짜를 표시한다. 일주일 정도 지난 후 다시마만 건져내고 다시 밀봉해 3주간 더 숙성시킨다.

재료 | 다시마(5×10cm) 1조각, 양파(중간 크기) 1개
마른 표고버섯(중간 크기) 2개, 마른 고추 1개
생강 1쪽, 마늘 12쪽, 청주 700㎖, 레몬즙 1큰술, 설탕 1작은술

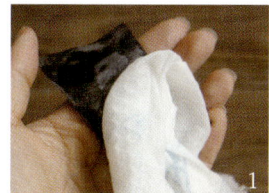

생강술

1 생강은 물에 담가 10분 정도 두면 껍질을 벗기기 쉽다. 숟가락 등으로 문질러 깔끔하게 껍질을 벗긴다.
2 깨끗이 껍질 벗긴 생강은 적당한 크기로 저며 썰고 깨끗한 물에 두어 번 헹궈 전분기를 뺀다. 그대로 사용하면 생강술이 뿌옇게 흐려지고 탁해지기 쉬우므로 미리 헹궈 사용한다.
3 헹군 생강은 키친타월 등으로 물기를 제거하고 잠시 말려 표면의 수분을 완전히 없앤다.
4 미리 열탕 소독하여 말려둔 병에 생강을 담고 청주를 입구까지 가득 붓고 밀봉한 뒤 실온에서 일주일 정도 숙성시킨다. 숙성시킨 생강술은 술만 따라내 냉장 보관한다.

재료 | 생강 100g, 청주 300~400㎖

멸치 다시마 육수

1 준비한 다시마는 키친타월 등에 물을 살짝 묻혀 표면을 닦은 다음, 물에 담가서 30분가량 우린다.
2 멸치는 프라이팬에 약한 불로 타지 않게 볶아 수분과 비린 냄새를 날린다. 깔끔한 국물 맛을 원하면 멸치의 내장을 모두 제거하고 사용한다.
3 30여 분 불려 둔 다시마에 볶은 멸치와 표고버섯 기둥을 넣고 청주를 넣는다.
4 ③을 센 불로 가열해 국물이 끓어오르면 중불로 낮추고 5분 정도 끓인 다음 다시마만 먼저 건진다. 다시마는 너무 오래 끓이면 쓴맛이 나고 미끈미끈한 알긴산이 나와서 국물이 깔끔하지 못하기 때문.
5 다시마를 건진 다음 멸치와 표고버섯 기둥만 중불로 20분 정도 더 끓여 국물을 충분히 우린다. 육수를 만들 때는 반드시 뚜껑을 열고 끓여야 비린 냄새가 날아간다.
6 불을 끄고 10여 분 그대로 두었다가 고운체나 베 보자기 등을 이용해 거르면 감칠맛이 나는 구수한 멸치 다시마 육수가 완성된다.

재료 | 멸치 한 줌, 다시마(15×15cm) 1장, 표고버섯 기둥 4~5개
청주 2큰술

북어 육수

1 북어의 머리는 아가미와 눈 부분을 제거하고 난 뒤 불에 한 번 그슬린다.
2 모든 재료를 분량의 물에 담아 재료가 충분히 우러나도록 20~30분 정도 둔다.
3 ②를 센 불로 가열해 끓어오르면 중불로 낮추고 5분정도 끓인 다음 다시마만 먼저 건진다.
4 다시마를 건져낸 후 중약불로 20분 정도 더 끓여 국물을 충분히 우린다. 불을 끄고 10여 분 그대로 두었다가 고운체나 베 보자기, 두꺼운 키친타월 등을 이용해 한 번 걸러낸 뒤 사용한다.

재료 | 북어 머리 1개, 북어 껍질 및 뼈(1마리 분량), 마른 표고버섯 2개, 무 1토막, 대파 뿌리 한 줌, 청주 ½컵, 다시마(15×15cm) 1장 물 7컵

채소 육수

1 모든 재료를 분량의 물에 담아 재료가 충분히 우러나도록 20~30분 정도 둔다.
2 ①을 센 불로 가열해 끓어오르면 중불로 낮추고 5분 정도 더 끓인 다음 다시마만 먼저 건진다.
3 다시마를 건져낸 후 중약불로 20분 정도 더 끓여 국물을 충분히 우린다.
4 불을 끄고 식을 때까지 그대로 두었다가 고운체나 베 보자기, 두꺼운 키친타월 등을 이용해 한 번 걸러낸 뒤 사용한다.

재료 | 무 1토막, 마른 표고버섯 3개, 양파 1개, 파뿌리 한 줌 다시마(15×15cm) 1장, 마른 고추 2개, 청주 ½컵, 물 8컵

맛간장

1 멸치는 내장을 제거하고 프라이팬에 살짝 볶은 후 준비한다. 이렇게 해야 멸치 특유의 비린내를 잡을 수 있다. 사과와 레몬은 슬라이스한다. 나머지 재료들도 깨끗이 손질해 준비한 뒤 분량의 물에 레몬과 사과를 제외한 모든 재료를 넣고 다시마가 우러나도록 20분 정도 둔다.
2 ①을 센 불에 올려놓고 끓어오르면 중불로 낮추고 5분 정도 가열한 뒤 다시마만 먼저 건진다.
3 다시마를 먼저 건져낸 후 중약불로 가열해 반 이상 줄었을 때 슬라이스한 레몬과 사과를 넣고 불을 끈다.
4 반나절 이상 그대로 두었다가 체에 걸러 냉장 보관한다. 냉장 보관 시 일주일 정도 사용 가능하다.

재료 | 멸치 12마리, 사과·레몬 1개씩, 다시마(10×10cm) 1장
마른 표고버섯·마른 고추 2개씩, 대파 ½대, 통후추 10~12알
간장 2컵, 청주·맛술 1컵씩, 물 2컵

데리야키 소스

1 다시마는 찬물에 30분가량 담가 우려서 다시마물 1컵을 준비한다. 사과와 양파, 대파는 큼직하게 토막 내고 생강은 편으로 썬다. 마늘은 껍질을 까서 그대로 사용한다.
2 다시마물, 간장, 설탕, 청주 등 분량의 소스 재료와 ①의 부재료를 한데 넣은 다음 센 불로 가열해 우르르 끓어오르면 바로 불을 낮추고 20~30여 분 약한 불에서 끓인다.
3 국물의 양이 반 정도로 줄면 재료를 체에 받쳐 국물만 따로 거른다.
4 시판 소스와 비슷한 농도를 원하면 녹말물을 조금씩 부어 재빠르게 저으며 끓인다. 녹말물은 부족한 듯 넣어야 농도가 적당하다. 냉장 보관 시 한 달 정도 사용 가능하다.

재료 | 다시마(5×10cm) 1조각, 사과·양파 ½개씩, 대파 ½대
생강 2쪽, 마늘 3~4쪽, 간장 1컵, 설탕·청주·맛술 ½컵씩
통후추 10알, 녹말물 약간

설탕 대체 양념

단맛을 내는 대표적 감미료인 설탕. 사탕수수나 사탕무의 즙액은 여러 단계 가공 처리하여 만들기 때문에 섬유질과 단백질 등 영양분은 거의 제거되고, 단맛과 독성 물질만 남아 각종 성인병의 원인이 되고 있다. 설탕을 대체할 수 있는 천연 감미료들이 각광받고 있는 이유도 바로 여기에 있다. 조청, 물엿, 꿀 등 설탕을 대체할 수 있는 것들은 우리 주변에서 흔하게 구할 수 있다.

조청 쌀과 엿기름을 오래 고아 만든 전통 감미료. 표백, 정제 등의 과정을 거치지 않아 영양 성분이 살아 있고 안전하게 먹을 수 있다. 단, 맛과 색이 진해 요리가 자칫 무거워질 수 있다는 단점이 있다. 잘 굳고 점성이 강해 뭉근히 조리거나 볶는 요리에 사용한다. 맛탕, 떡볶이, 조림 등에 적합하다.

물엿 잘 굳고 강한 점성의 조청을 보완하여 만든 제품. 단, 표백, 정제 과정을 거치고 유전자 조작 콩이나 옥수수를 사용한 경우가 많아 세심하게 살펴보고 구입해야 한다. 조청보다 색이 투명하고 농도가 묽어 사용하기 편리하고, 요리 본래의 색이 변하지 않는다는 장점이 있다. 각종 볶음이나 구이, 무침 요리에 넣으면 깔끔한 단맛과 광택을 더해 준다.

올리고당 물엿과 요리당의 단점을 보완하여 만든 제품으로 몸에 이로운 장내 비피더스균을 활성화하여 증식시키는 역할을 한다. 설탕에 비해 칼로리가 4분의 1 정도 낮다. 단, 유전자 조작 옥수수나 콩으로 만든 것은 몸에 좋지 않으므로 구입 시 세심한 주의가 필요하다. 또한 70℃ 이상의 고열에서는 단맛이 현저히 떨어지므로 고열로 조리하거나 장시간 가열하는 요리에는 적합하지 않다.

요리당 조청과 물엿의 단점을 보완한 제품으로 올리고당과 유사하지만 비피더스균을 활성화시키는 기능은 없다. 소량만 넣어도 매우 강한 단맛을 내는데 이 강한 단맛으로 인해 뒷맛이 깔끔하지 못하고 물엿이나 조청에 비해 윤기가 덜하다는 단점이 있다. 그러나 이 점 때문에 색이 진한 조림 요리에 사용하면 단점이 장점으로 바뀔 수 있다.

꿀 벌이 채집한 꽃의 향이 남아 있기 때문에 조리용으로는 비교적 향이 약한 잡화 꿀을 사용하는 것이 좋다. 꿀은 각종 미네랄과 영양분이 살아 있어 생으로 조리하는 요리에 잘 어울린다. 열에 매우 약해서 고열에선 영양분이 파괴되므로 조리 시 제일 마지막에 넣는다.

아가베 시럽 아가베란 멕시코에서 재배되는 용설란의 일종으로 알로에 같은 선인장을 생각하면 된다. 6년 이상 된 아가베 선인장을 채취해 즙을 낸 후 적당한 온도로 가열해 시럽 형태로 만든 것이다. 아가베 시럽은 설탕보다 당도가 약 30% 정도 높으면서도 혈당 지수는 설탕의 3분의 1 정도밖에 되지 않고 칼로리도 매우 낮아 당뇨병 환자나 다이어트를 하는 사람들에게 좋다. 아가베 선인장에는 고품질 과당뿐만 아니라 철분, 칼슘, 마그네슘 같은 미네랄이 다량 함유되어 있어 건강에도 이롭다. 맑은 황금색을 띠고 있으며 뒷맛이 약간 꿀맛과 비슷해 빵이나 떡을 찍어 먹어도 좋고 어떤 요리에나 잘 어울린다.

메이플 시럽 메이플 시럽은 캐나다의 원주민들이 발명해 낸 제품. 건조된 육류와 생선만으로 기나긴 겨울을 나야 하는 원주민들이 비타민 C 부족을 해소하기 위해 단풍나무에서 수액을 채취해 비타민을 대신했다고 한다. 이 단풍나무 수액을 정제시켜 만든 것이 메이플 시럽이다. 아가베 시럽보다 좀 더 짙은 황금색을 띠고 있고 고기를 재울 때 넣으면 연육 작용을 한다. 독특한 향과 맛이 있어 제과 제빵에 많이 사용되며 특히 와플이나 팬케이크와 함께 먹으면 좋다. 스테이크 소스에 넣으면 환상적인 맛이 난다.

Cooking Note 3

피해 갈 수 없다면…
자주 먹는 가공식품 퀵 조리법

가급적 제철 재료를 선택하고 육류 대신 해산물을 선호하며, 각종 채소 요리를 즐기는 나도 때에 따라 가공식품을 사용한다. 가공식품의 문제점은 제조 과정에서 들어가는 산화 방지제나 색소 등의 화학 첨가물. 그래서 이런 첨가물들을 줄이기 위한 과정을 거치는 편이다. 특히 어묵, 맛살, 소시지와 햄 등은 직접 만들어 먹기 어렵고, 참치나 옥수수처럼 통조림 외에는 딱히 대안이 없을 때, 나름의 아이디어로 유해 성분을 최대한 줄여서 조리하는 것. 데치거나 열을 가하는 등 조리 시 한두 단계를 더 거치는 것만으로도 상당 부분 유해 성분을 줄일 수 있다.

어묵과 맛살 끓는 물에 살짝 데치는 것이 가장 좋지만 맛이 떨어지는 것이 싫다면 채반에 넓게 펼쳐놓고 끓는 물을 한번 끼얹어 주거나 키친타월로 여분의 기름을 닦아낸다.

햄과 소시지 각종 발색제와 인공 색소가 다량 함유된 경우가 많으므로 반드시 끓는 물에 데쳐 내거나 80°C 이상의 물에 잠시 담가 두어 첨가물이 녹아 나오도록 한다.

참치 통조림 옥수수 통조림과 마찬가지로 장기간 보존하기 위해 산화 방지제 등을 첨가하므로 내용물은 체에 밭쳐 보존액과 기름을 완전히 뺀 다음 사용한다. 찌개에 넣어 요리할 경우 중간에 떠오르는 기름은 걷어내는 것이 좋다.

두부 건강한 재료로 각광받고 있는 두부에도 응고제, 소포제, 살균제 등의 첨가물이 들어 있을 수 있으므로 요리하기 전 깨끗한 물에 씻어 잠시 담가둔 후 사용하는 것이 좋다.

옥수수 통조림 장기간 보존하기 위해 산화 방지제 등을 첨가하는 경우가 많기 때문에 내용물은 체에 밭쳐 보존액을 완전히 뺀 다음 사용한다. 특히 캔 특유의 냄새가 옥수수에 배어 있으므로 체에 밭친 다음 뜨거운 물을 끼얹으면 냄새도 제거되고 보존액도 씻어내는 효과가 있다.

시판 빵 제조 과정에서 부피를 늘리고 곰팡이 발생을 억제하기 위해 유화제, 방부제 등의 첨가물이 들어가는데 이런 첨가물은 열에 의해 어느 정도 파괴된다. 그대로 먹기보다는 오븐이나 팬 등에 살짝 구워 먹거나 전자레인지에 10초 정도 돌리면 보다 안전하게 먹을 수 있다.

Cooking Note 4
도구 없이도 요리할 수 있는 손쉬운 계량법

나의 요리 레시피를 보면 1큰술, 1작은술, 1컵, 조금, 약간, 한 꼬집, 한 줌 등 다양한 계량 표현이 나온다. 대부분 계량 도구를 이용한 방법인데, 어느 집이나 계량 도구를 갖추고 있는 것도 아니고, 계량 도구를 사용한다고 해도 요리 왕초보의 경우엔 어느 정도 양인지 가늠하기 어렵다. 그래서 가장 많이 쓰는 일반 숟가락과 종이컵을 활용한 계량법을 소개한다. 때에 따라 손 계량도 비교적 정확하고 유용하다. 꼼꼼히 읽고 배우면 요리가 한결 쉬워질 것이다.

1큰술

가루류 일반 밥숟가락에 가득 담았을 때 소복하게 올라오는 정도의 양. 일반 숟가락은 계량스푼보다 깊이가 얕으므로 조금 많은 듯 계량한다.

액상 한 숟가락 가득 담고 다시 ⅔ 정도 되는 양을 더 보태야 계량스푼 1큰술의 분량이 된다. 흘러넘치는 것을 염두에 두고 계량한다.

장류 한 숟가락 가득 담아서 조금 봉긋하게 올라오는 정도의 양. 밀도가 있기 때문에 가루류보다 부피가 조금 작은 듯 계량한다.

1작은술

가루류 일반 숟가락의 ⅔ 정도가 채워지는 분량이 되면 1작은술이라고 가늠하면 된다.

액상 간장이나 맛술 등의 액체류인 경우에도 역시 일반 숟가락의 ⅔ 정도로 잡으면 1작은술이 된다.

장류 밀도 있는 장류의 경우는 숟가락 끝으로 봉긋하게 떠서 반이 약간 못 되는 정도의 양으로 잡는다.

가루류 계량컵 대신 종이컵을 사용할 수 있다. 가루 종류를 계량할 때는 윗면을 편편하게 깎아 한 컵을 잰다.

액상 액체류 역시 가루 종류와 마찬가지로 흘러 넘칠 듯 찰랑찰랑하게 가득 담으면 1컵으로 본다.

콩나물·숙주 등의 나물 손 안에 가득 차도록 한 움큼 쥔 상태가 한 줌으로 대략 50g 정도다.

버섯 한 줌 가득 쥐면 50g 정도의 분량이 된다. 단, 수분 함량이 적은 마른 버섯은 제외.

새싹채소 한 줌 가득 쥐면 역시 50g 정도가 되는데 샐러드로 조리할 때는 한 줌을 1인분의 분량으로 보면 된다.

멸치나 마른 새우 한 줌 가득 쥐면 15g 정도. 조금씩 끓이는 국과 찌개의 육수로 사용 시 물 3컵당 5~6마리면 충분하다.

시금치, 부추 즐겨 먹는 잎채소들도 비슷한 방법으로 계량할 수 있다. 한 줌 가득 잡은 분량이 역시 50g 정도라고 가늠하면 된다.

스파게티 다양한 스파게티의 면 종류 중에서 푸실리, 펜네 등도 역시 한 줌 가득 쥐면 50g 분량이다.

기타 계량법

계량스푼 대신 일반 숟가락 사진에서 보이는 것처럼 계량스푼이 일반 숟가락에 비해 속이 조금 더 깊다.

계량스푼과 일반 숟가락의 분량 보통 계량스푼 1큰술이 일반 숟가락의 1.5배 분량이다.

계량컵 대신 우유팩 계량컵이 없을 때는 우우 팩(200㎖)을 재활용한다. 우유가 들어 있는 양을 보고 팩 바깥쪽에 눈금 표시를 해 두면 사용하기 편리하다.

종이컵을 사용할 때는 종이컵으로 반 컵을 계량할 때는 종이컵이 아래로 갈수록 폭이 좁아지는 것을 감안해 반 조금 넘게 담아 계량한다.

채소 분량 가늠하기 일반적으로 레시피에 나오는 무 1토막은 중간 크기의 무 2~3cm 정도가 되는 두께를 말한다.

국수 분량 가늠하기 소면이나 파스타는 엄지와 검지로 원을 만들었을 때 지름 2cm 정도의 원안에 들어오는 양을 1인분으로 잡으면 된다.

양념 및 재료별 계량

마늘 1통 통마늘 1개.
마늘 1쪽 통마늘을 쪼개서 깐 1조각.
생강 1톨 아기 손바닥만 한 통생강 1개.
생강 1쪽 마늘 1쪽의 크기와 비슷하거나 조금 더 큰 정도.
고기 1근 계량용 저울로 달았을 때 600g 분량.
채소 1근 계량용 저울로 달았을 때 400g 분량.
채소 1봉지 보통 크기의 시판용 1봉지가 200g 정도.
마늘 1큰술 사방 1cm 크기의 마늘 2쪽을 잘게 다진 양.
생강 1큰술 사방 1.5cm 크기의 생강 1쪽을 잘게 다진 양.
대파 1큰술 5cm 길이의 대파 흰 부분을 잘게 다진 양.

자주 쓰이는 요리 표현

한 꼬집 엄지와 검지를 맞붙여서 꼬집듯이 잡은 정도의 양으로 약 2g가량. 다른 표현으로는 '약간'이라고도 한다.
조금 약간의 약 2~3배 정도의 양으로 약 4~6g가량.
넉넉히 한손으로 네 손가락을 모두 이용해서 재료를 쥐고 살짝 털어 냈을 때의 양. 계량스푼으로는 약 1큰술을 말한다.
한소끔 찬물에서 가열하기 시작하여 한 번 끓어오를 때까지의 순간을 한소끔이라고 말한다. 또는 온도가 떨어졌다가 다시 한 번 끓어오르기까지의 상태.
자작자작 양념장이나 조림장 등의 바닥이 보일 듯이 충분히 졸아든 상태를 일컫는다.

1

미역참치죽
맛조개파래죽
대합버섯죽
매생이전복죽
오징어버섯죽
우렁이대죽
황태콩나물죽
송이버섯쇠고기죽
동지팥죽
검은콩죽
우엉죽
고구마사과죽
사과요거트카레
토마토컵치즈밥
중화풍 새우양송이덮밥
짜장볶음밥
두부소보로밥
명란두부볶음밥
연어새싹비빔밥
연어회덮밥
일식베이컨덮밥
낫토볶음밥
시래기묵은지밥
가지쇠고기밥
키조개쌈장과 쌈밥
황태약고추장과 쌈밥
단호박영양밥
모듬버섯밥
김치콩나물국밥
연근현미밥

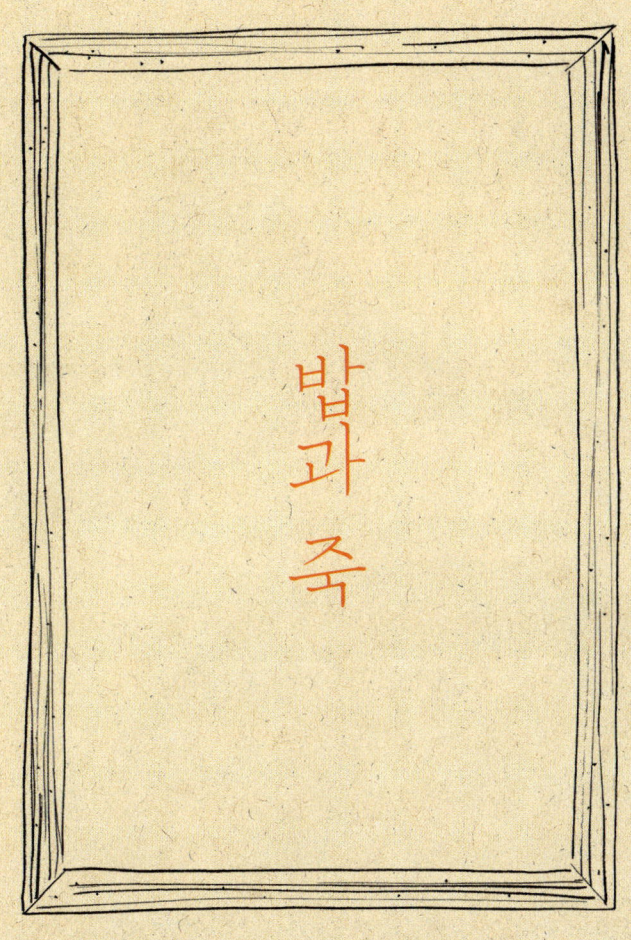

밥과 죽

반찬이 별로 없어도 한 끼 식사로 손색없는 밥과 죽.
버섯, 해산물 등 약이 되는 식품과 제철 재료를 넣어 부족한 영양까지 보충할 수 있다.
만드는 방법이 거의 비슷해 재료를 바꿔가며 다양하게 조리해 본다.

사계절 건강 밥상, 변비에 특효 레시피
연근현미밥

발아 현미·멥쌀 1컵씩
연근(차의 연근 재활용) 2컵
마른 표고버섯 3장
들기름 2큰술
다시마 1조각
천일염 약간

1. 발아 현미와 멥쌀은 미리 씻어 충분히 불린 후 물기를 뺀다. 연근은 깨끗이 씻고 표고버섯도 불려서 채 썬다. 버섯 불린 물은 따로 둔다.
2. 압력솥을 달궈서 들기름을 넉넉히 두른 다음 채 썬 표고버섯과 연근을 넣고 부서지지 않게 볶는다.
3. 표고버섯이 살짝 익으면 불려둔 쌀을 넣고 살짝 볶는다.
4. ③에 ①의 표고버섯 불린 물을 부어 밥물을 맞춘다. 채소들은 이미 충분한 수분을 함유하고 있으므로 평소 밥을 지을 때보다 물을 조금 적게 넣는다.
5. 마지막으로 다시마 한 조각을 넣고 소금으로 간을 맞춘다. 현미밥을 지을 때 천일염을 넣으면 현미에 생명력을 더해 맛과 영양이 한결 좋아진다.
6. 센 불로 가열해 추가 움직이면 불을 약하게 낮춰 5분 정도 서서히 가열한 후 불을 끈다.

1…2
3…4
5…6

간단 해장국밥, 시원하고 개운한 추억의 그 맛
김치콩나물국밥

김치 ¼포기
김치 국물 약간
콩나물 100g
무 1토막
대파 ½대
멸치 다시마 육수 6~7컵
찬밥 1공기
떡국 떡 두 줌
참치 액젓 1작은술

1. 김치는 송송 썰고, 김치 국물은 따로 준비한다.
2. 콩나물은 다듬어 씻은 뒤 물기를 뺀다. 무는 채 썰고, 대파는 어슷하게 썬다.
3. 멸치 다시마 육수에 채 썬 무와 김치, 약간의 김치 국물을 넣고 끓인다. 이때 국물을 넉넉하게 잡아야 밥알이 퍼질 때 졸아들지 않는다.
4. 깔끔한 국물 맛을 내기 위해 끓이는 중간 중간 떠오르는 거품은 걷어낸다.
5. 무와 김치가 부드럽게 익으면 밥을 넣고 함께 끓인다.
6. 국물이 한소끔 끓어오르면 떡국 떡과 콩나물을 넣어 함께 끓인다.
7. 밥알이 퍼지고 떡국 떡이 익어 떠오르면 대파를 넣고 참치 액젓으로 간을 맞춘다.
8. 마지막으로 한소끔 더 끓인 뒤 불을 끈다.

1…2

3…4

5…6

7…8

맛과 영양, 두 마리 토끼를 잡고 싶다고?
모듬버섯밥

생표고버섯 2개
양송이버섯 6개
미니 새송이버섯 한 줌
애기 느타리버섯 1묶음
쌀 2컵
들기름 약간
다시마 육수 2컵
양념장
청·홍고추 1개씩
쪽파 2뿌리
간장 2큰술
다시마 물·맛술·다진 마늘 1큰술씩
참기름 ½큰술
통깨 약간

1. 버섯은 모두 먹기 좋은 크기로 썬다.
2. 쌀은 충분히 불려 체에 밭쳐 물기를 뺀다.
3. 바닥이 두꺼운 냄비를 달궈 들기름을 넉넉히 두르고 쌀을 넣고 볶는다.
4. 쌀알에 들기름이 고루 배면 표고버섯을 넣어 함께 볶는다.
5. 표고버섯이 살짝 익으면 손질한 버섯을 모두 넣고 다시마 육수를 붓는다. 버섯에서 수분이 빠져 나오므로 밥물은 평소보다 적게 잡는다. 쌀과 물의 비율은 1 : 1 정도.
6. 센 불로 가열해 거품이 크게 끓어오르면 중불로 낮추고 아래위로 한 번 뒤집듯이 뒤적여 거품이 잦아들게 2분 정도 저은 다음 불을 약하게 한다. 뚜껑을 덮어 밥물이 완전히 잦아들 때까지 15분 정도 가열한다.
7. 밥물이 완전히 잦아들면 불을 아주 약하게 하고 3~4분 정도 더 가열한 다음 불을 끄고 10여 분 이상 뜸을 들인다.
8. 잘게 다진 고추와 분량의 재료를 넣고 양념장을 만들어 밥에 넣고 비벼 먹는다.

1…2

3…4

5…6

7…8

손님 초대 상에 손색없는 일품 요리
단호박영양밥

대추 8알
은행 12알
잡곡(서리태·찹쌀·찰현미·흑미
적미·멥쌀 등) 3컵
단호박 1통
천일염 약간
꽃대추·잣 적당량씩

1. 대추는 돌려깎기 한 다음 큼직하게 썰고, 은행은 마른 팬에 살짝 볶아 껍질을 벗긴다.

2. 영양밥을 지을 잡곡 재료는 하루 전날 충분히 불린 후 잡곡과 물을 1 : 1 비율로 맞춘 후 소금을 약간 넣고 밥을 짓는다. 평소 밥을 지을 때보다 물을 약간 적게 넣어 짓는다.

3. 밥을 다 지으면 미리 준비해 둔 대추와 은행을 넣어 고루 섞은 후 충분히 식힌다.

4. 단호박은 깨끗이 씻은 뒤 윗부분에 육각형 모양으로 칼집을 깊게 넣어 파낸 후 수저로 씨는 긁어낸다. 실 같은 부분은 단맛이 나므로 조금 남긴다.

5. 단호박에 ③의 밥을 꾹꾹 눌러 속을 채운다. 잡곡밥의 양은 단호박 크기에 따라 적당히 조절한다.

6. 김이 오른 찜 솥에 넣어 10여 분간 더 찐다. 단호박에 따라 익는 시간에 차이가 날 수 있으므로 다 익었는지 꼬치로 찔러가며 테스트한다.

7. 완성된 단호박영양밥은 통째로 내거나 먹기 좋게 등분해서 내도 좋다. 고명으로 꽃대추와 잣을 얹는다.

쿨캣 Says… 단호박에 밥을 넣어 속을 채울 때는 반드시 밥을 완전히 식혀서 넣어야 해요. 뜨거운 상태에서 속을 채워 다시 찌면 밥에 남아 있던 열기로 인해 수증기가 가득 차서 쪄낸 단호박 속에 물이 흥건히 고이기 때문이에요.

쌈밥, 비빔밥은 물론 반찬까지… 약이 되는 음식
황태약고추장과 쌈밥

황태 1마리
불린 표고버섯 3~4장
잣 등 견과류 한 줌
고추장 300g
다시마 불린 물 1컵
꿀 1큰술
통깨 적당량
식용유 약간
황태 양념
청주 · 다진 파 2큰술씩
다진 마늘 · 간장 · 매실청 · 참기름 ·
깨소금 1큰술씩
설탕 ½큰술
후춧가루 · 생강즙 약간씩
표고버섯 양념
맛술 · 다진 파 1큰술씩
다진 마늘 · 간장 · 설탕 · 깨소금
1작은술씩
후춧가루 약간

1. 황태는 살짝 불리고, 표고버섯은 충분히 불린 후 물기를 꼭 짜서 잘게 다진다. 양념으로 쓰일 대파도 잘게 다진다. 견과류는 팬에 살짝 볶아 굵게 다진다.
2. 황태는 기름을 두르지 않은 팬에 살짝 볶아 수분을 날린다.
3. ②의 황태는 분량의 양념으로 간해 20~30분가량 숙성시킨다.
4. 표고버섯은 분량의 양념으로 밑간해 20~30분가량 재운다.
5. 간이 적당히 배면 ③과 ④를 한데 섞는다. 재료마다 간이 배는 시간이 다르고 재료의 특성이 다르므로 각각 양념해 섞는 것이 맛이 좋다.
6. ⑤는 달군 팬에 식용유를 약간 두르고 볶는다.
7. ⑥의 수분이 날아가고 적당히 익으면 분량의 고추장을 넣고 함께 볶는다.
8. ⑦이 어우러지면 다시마 불린 물을 양념한 볼에 부어 양념을 헹궈내 붓고 중약불에서 고루 섞이도록 저어가며 끓인다.
9. ⑧의 국물이 줄어들면 견과류를 넣고 고루 섞어 가며 조린다.
10. 황태와 표고버섯에 간이 완전히 배고 약고추장이 바특하게 졸면 꿀을 넣고 통깨를 뿌린다. 갖은 쌈 채소, 밥과 함께 곁들여 쌈밥으로 즐긴다.

1...2
3...4
5...6
7...8
9...10

쫄깃한 식감의 입맛 돋우는 별미 밥도둑
키조개쌈장과 쌈밥

키조개 2개
마른 표고버섯 한 줌
청양고추·청·홍고추 1개씩
들기름·청주 약간씩
멸치 육수 ½컵, 통깨 적당량
현미밥 1공기
참깨·검은깨·들기름 약간씩
쌈채소 적당량
양념장
고추장 2큰술
된장·고춧가루·맛술·
다진 파·다진 마늘·
청주 1큰술씩
간장 1작은술
생강즙 약간

1. 키조개는 소금물에 담가 해감한 뒤 끓는 물에 청주를 약간 넣고 살짝 데친다.
2. 키조개 살은 내장 부분에서 쌉싸래한 맛이 날 수 있으므로 따로 떼어내고 살만 발라내 적당한 크기로 다진다.
3. 마른 표고버섯은 물에 불려 잘게 썬다.
4. 고추는 모두 곱게 다진다.
5. 양념장 재료에 청양고추를 제외한 청·홍고추를 함께 넣어 양념장을 만든다.
6. ②와 ③은 양념장의 반을 덜어내 섞은 다음 20여 분 정도 재운다.
7. 달군 팬에 들기름을 두르고 ⑥의 재료를 넣어 달달 볶는다.
8. 여기에 멸치 육수를 넣어 부드럽게 만든다.
9. ⑧이 자작하게 조려지면 나머지 양념장을 모두 넣어 고루 저어가며 볶는다.
10. 마지막으로 다진 청양고추를 넣고 고루 섞은 다음 통깨를 뿌려 마무리한다.
11. 현미밥에 참깨, 검은깨, 들기름을 넣고 비빈 후 한입 크기로 떼어 놓는다.
12. 상추나 깻잎 등의 쌈채소를 깔고 동글동글 작게 굴려 만든 주먹밥에 키조개쌈장을 듬뿍 올려 쌈밥을 만든다.

1...2
3...4
5...6
7...8
9...10
11...12

영양의 보고, 묵나물의 진가를 맛볼 수 있는 메뉴
가지쇠고기밥

말린 가지 한 줌
쇠고기 120g
마른 표고버섯 2개
불린 쌀 3컵
들기름 약간
다시마 불린 물 3컵
고기 양념
청주 1큰술
간장 · 다진 마늘 · 다진 파
매실청 1작은술씩
설탕 ½작은술
후춧가루 · 참기름 · 깨소금 약간씩
가지 양념
간장 · 청주 · 참기름 · 다진 마늘 ·
다진 파 1큰술씩
후춧가루 · 깨소금 약간씩

1. 말린 가지는 뜨거운 물을 부어 부드러워질 때까지 충분히 불린다. 바짝 말린 묵나물인 경우 물에 삶은 다음 사용한다.
2. 쇠고기는 채 썬 다음 분량의 양념으로 잠시 재운다.
3. 표고버섯은 불린 다음 채 썰어 ②에 넣고 함께 재운다.
4. 불린 가지는 물기를 가볍게 짠 다음 채 썰어 분량의 양념으로 잠시 재운다.
5. 바닥이 두꺼운 냄비나 압력솥 등을 달궈 들기름을 두르고 미리 재워 둔 쇠고기와 표고버섯을 볶는다. 이어 ④의 가지도 넣고 함께 볶는다.
6. ⑤에 충분히 볶은 후 체에 밭쳐 물기를 뺀 쌀을 넣고 들기름 향이 배도록 함께 볶는다.
7. ⑥에 쌀과 다시마 물을 1 : 1 비율로 부어 뚜껑을 덮고 센 불로 가열한다.
8. 추가 움직이면 중불로 낮추고 3~4분 정도 더 가열, 다시 약불로 낮춰 2~3분 정도 뜸을 들인 후 불을 끈다.

1…2
3…4
5…6
7…8

변비에 효과 있는 추억의 엄마 손맛
시래기묵은지밥

시래기 300g
묵은지 ¼포기
불린 표고버섯 4개
불린 잡곡 2½컵
멸치 다시마 육수 2½컵
들기름 1큰술
시래기 양념
간장 · 국간장 · 청주 · 들기름 1큰술씩
다진 마늘 ½큰술
묵은지 양념
맛술 · 들기름 1큰술씩
설탕 ½작은술
양념장
간장 · 멸치 다시마 육수 · 맛술 ·
참기름 · 고춧가루 1큰술씩
국간장 · 다진 마늘 · 다진 파 ½큰술씩
다진 청 · 홍 고추 1작은술씩
통깨 약간

1. 삶은 시래기는 물에 담가 잡냄새를 빼고, 묵은지도 물에 담가 짠맛을 뺀다. 둘 다 물에 여러 번 헹군다.
2. ①의 시래기는 겉의 질긴 섬유질을 벗긴다. 그래야 이물감 없이 부드럽다.
3. 시래기와 묵은지는 물기를 꼭 짠 다음 3~4cm 크기로 썰고, 표고버섯은 채 썬다.
4. 손질한 시래기는 표고버섯과 함께 분량의 양념으로 버무린다.
5. 먹기 좋은 크기로 썬 묵은지는 분량의 양념으로 버무린다.
6. 달군 솥이나 냄비에 들기름을 넉넉히 두르고 ④와 ⑤를 달달 볶는다.
7. ⑥의 시래기가 살짝 숨이 죽으면 물기를 뺀 잡곡을 올린 다음 멸치 다시마 육수를 부어 밥물을 맞춘다. 불린 쌀과 육수는 1 : 1 비율이 적당하다.
8. ⑦은 센 불로 가열해 압력솥의 추가 움직이면 중불로 낮추고 3~4분 더 가열한 후 약불로 낮춰 3~4분 정도 뜸을 들인 뒤 불을 끈다. 완성된 시래기묵은지밥은 골고루 섞는다.
9. 양념장은 분량의 재료를 한데 섞어 밥과 함께 비벼 먹는다.

1…2
3…4
5…6
7…8

간편한 일본 가정식, 보약으로 먹는 장수 식품
낫토볶음밥

대파 1대
쪽파 또는 실파 반 줌
달걀 3개
불린 표고버섯 2장
낫토 1~2팩
밥 1공기
청주·참기름 1큰술씩
설탕 한 꼬집
식용유 1작은술
간장 또는 쓰유·소금·검은깨 약간씩

1. 대파, 쪽파, 또는 실파는 동글고 짧게 송송 썬다. 이 중 한 가지만 이용해도 무방하다.
2. 달걀은 알끈을 제거한 다음 ①의 다진 파와 분량의 청주, 설탕, 소금을 넣고 고루 저어 곱게 푼다.
3. 불린 표고버섯은 파와 비슷한 크기로 잘게 다진 다음 참기름을 두른 팬에 볶는다.
4. 낫토는 한 방향으로 재빠르게 돌려 저어 끈적끈적한 점액질이 나오도록 만든 다음 ③의 표고버섯과 함께 살짝 볶는다.
5. 낫토의 끈끈한 실 같은 점액질이 없어지면 ②의 달걀 물을 부어 재빠르게 휘저어 스크램블한다.
6. ⑤에 식용유를 약간 두르고 따끈하게 데운 밥을 넣고 재빠르게 섞어가며 고루 볶는다.
7. ⑥이 고루 섞어 볶아지면 간장이나 쓰유로 간을 맞추고 마지막에 검은깨를 뿌려 마무리한다.

1…2

3…4

5…6

7

집에서 즐기는 레스토랑식 밥 요리
일식베이컨덮밥

베이컨 100g
양파(중간 크기) ½개
양송이버섯 2개
당근·파프리카 적당량씩
깻잎 10장
실파 약간
버터 1큰술
밥 1공기
간장 소스
간장 4큰술
맛술·물 ½컵씩

1. 베이컨은 1cm 폭으로 채 썰어 끓는 물에 살짝 데친다.
2. 양파는 채 썰고, 양송이버섯은 모양을 살려 썬다. 당근과 파프리카는 채 썬다.
3. 깻잎은 채 썰어 물에 담가 향을 살짝 뺀다. 실파는 3~4cm 길이로 썬다. 실파 대신 오이나 부추를 사용해도 좋다.
4. 분량의 소스 재료는 냄비에 담고 끓어오르면 중불로 낮춰 2분 정도 더 끓인 뒤 불을 끈다.
5. 팬을 달궈 버터를 녹인 후 당근을 살짝 볶는다.
6. 당근이 익으면 양파를 넣고 볶다가 양파가 투명해지면 양송이버섯을 넣고 볶는다.
7. ⑥에 파프리카를 넣고 볶다가 마지막으로 데친 베이컨을 넣고 약간 오그라들 정도로 볶는다.
8. ⑦에 미리 만들어 둔 간장 소스를 3~4큰술 넣어 고루 섞는다.
9. 그릇에 밥을 담고 채 썰어 둔 깻잎과 실파를 깔고 볶아둔 채소와 베이컨을 올리면 맛있는 일식 덮밥이 완성. 깻잎 위에 구운 김을 부숴 얹으면 더 맛있다.

사과로 상큼한 맛을 살려 더욱 신선하다
연어회덮밥

횟감용 연어 적당량
사과 · 양파 ½개씩
무순 · 실파 ·
베이비 채소 약간씩
밥 1공기
초고추장
고추장 3~4큰술
식초 3큰술
설탕 · 다진 마늘 ·
사이다 2큰술씩
레몬즙 · 매실청 ·
맛술 1큰술씩
고추냉이 1작은술

1. 연어는 먹기 좋은 크기로 네모나게 깍둑썰기 한다.
2. 사과는 껍질을 벗기고 채 썰어 설탕물에 재웠다 꺼낸다.
3. 양파는 채 썰고, 무순은 깨끗이 씻어 물기를 뺀다. 실파는 잘게 썬다.
4. 베이비 채소는 깨끗이 씻어 물기를 뺀다.
5. 볼에 분량의 재료를 한데 넣어 초고추장을 만든다.
6. 그릇에 밥을 펴 담고 ①에서 ④의 순서로 재료를 차례로 올린 후 초고추장을 얹고 기호에 따라 참기름을 뿌린다.

1···2
3···4
5···6

라면보다 더 쉽게 만드는 간편 건강 밥
연어새싹비빔밥

연어(통조림) 1캔
양파 · 적양파 ¼개씩
베이비 채소 1팩
달걀 2개
우유 1큰술
소금 · 식용유 약간씩
밥 1공기
케이퍼 약간
양념장
맛술 · 식초 2큰술씩
고추장 1½큰술
매실청 · 다진 케이퍼 1큰술씩
고춧가루 ½큰술
다진 마늘 · 간장 1작은술씩
통깨 · 참기름 약간씩

1. 볼에 분량의 양념 재료를 모두 넣고 양념장을 만든 다음 1시간 정도 숙성시킨다.
2. 연어는 체에 밭쳐 기름기를 빼고, 양파는 곱게 채 썰고 베이비 채소는 깨끗이 씻어 물기를 뺀다.
3. 달걀은 멍울 없이 잘 풀어 우유 또는 물(1큰술)과 약간의 소금을 넣어 고루 섞은 다음 달군 팬에 식용유를 두르고 재빨리 스크램블한다.
4. 그릇에 밥을 적당량 담는다.
5. ④에 베이비 채소와 양파를 듬뿍 올린 다음 스크램블한 달걀을 올린다.
6. ⑤에 연어를 얹은 다음 먹기 직전 양념장을 얹고 고명으로 케이퍼를 올려 장식한다.

1⋯2

3⋯4

5⋯6

명란과 두부의 만남, 든든한 한 끼 식사
명란두부볶음밥

명란 1쌍
신 김치 ⅓컵
두부 ¼모
양파 ½개
당근 1토막
생표고버섯 2개
식용유·소금·후춧가루 약간씩
다진 마늘 ½큰술
크래미 2줄
즉석 밥 1개(밥 1공기 분량)
오이고추(또는 피망) 1개
김 1장

1. 명란젓은 양념을 씻어낸 후 알만 바르고, 신 김치는 씻어내 물기를 꼭 짠 뒤 송송 썬다. 두부는 칼등으로 으깨 물기를 꼭 짜고, 양파, 당근, 표고버섯은 모두 잘게 다진다.
2. 달군 팬에 식용유를 두르고 다진 마늘을 타지 않게 볶는다.
3. ②에 당근, 표고버섯을 넣고 약간의 소금으로 간해 볶는다.
4. ③에 신 김치, 양파, 두부를 넣고 소금, 후춧가루로 간해 함께 볶는다. 이때 두부의 수분을 날리듯 바짝 볶는다.
5. 두부가 포슬포슬하게 볶아지면 잘게 썬 크래미를 넣고 함께 볶는다.
6. 부재료가 거의 익으면 따끈한 밥을 넣고 재료와 고루 어우러지게 젓가락으로 휘저어가며 볶는다.
7. ⑥에 명란을 넣고 고루 섞으며 볶다가 명란이 익으면 잘게 다진 오이고추(또는 피망)를 넣고 볶는다. 기호에 따라 구운 김을 잘게 부숴 올린다.

1...2

3...4

5...6

7

두부·채소 등 몸에 좋은 자투리 재료의 변신
두부소보로밥

새송이버섯 1개
양파 ¼개
피망(또는 오이고추) 약간
두부 ½모
김치 ⅔컵
참치(통조림) 1캔
후춧가루 약간
카레 가루 ½큰술
밥 2공기
토마토케첩 1큰술
식용유 약간

1. 새송이버섯, 양파, 피망 등의 채소는 모두 잘게 썬다.
2. 두부는 칼등으로 으깨 면보에 싸서 물기를 짠다.
3. 달군 팬에 식용유를 두르고 두부를 먼저 볶아 수분을 살짝 날린 다음 새송이버섯과 잘게 썬 김치를 넣어 함께 볶는다.
4. 김치가 살짝 익으면 양파와 피망(또는 오이고추)을 넣어 볶는다.
5. 양파가 투명하게 익으면 기름기를 뺀 참치를 넣고 후춧가루를 뿌려 함께 볶는다.
6. ⑤에 분량의 카레 가루를 넣어 간을 맞추고 고루 저어 볶는다.
7. 새콤달콤한 맛을 즐기려면 토마토케첩을 약간 넣어 골고루 섞는다.
8. 밥을 그릇에 담고 ⑦의 재료를 올린다.

1…2
3…4
5…6
7…8

냉장고 속 흔한 채소로 만든 별미 밥
짜장볶음밥

감자 2개
당근 1토막
양파 ½개
양배추 3~4장
생표고버섯 1개
애호박 1토막
햄(통조림) ½캔
삶은 완두콩 2~3큰술
굴소스 1큰술
밥 1공기
짜장 분말 2큰술
달걀 1개
베이비 채소 약간
식용유 적당량

1. 재료는 모두 깍둑썰기 하거나 채 썬다. 작게 썰면 씹히는 맛이 없으므로 일반 볶음밥을 할 때보다 조금 더 큼직하게 썬다.
2. 속이 깊은 팬을 달군 후 식용유를 두르고 감자와 당근을 먼저 볶는다.
3. 감자가 살캉거리게 익으면 양파와 양배추, 표고버섯을 넣고 볶는다.
4. 양파가 투명하게 익으면 애호박과 햄을 넣고 볶는다.
5. ④에 삶은 완두콩을 넣고 굴 소스를 약간 넣어 간을 맞춘다.
6. 재료가 익으면 따끈한 밥을 한 공기 넣어 다른 재료와 잘 섞일 수 있게 고루 저어가며 볶는다. 찬밥은 전자레인지 등에 살짝 데워 다른 재료와 온도를 비슷하게 맞춰야 제맛이 난다.
7. 마지막으로 짜장 분말을 넣고 잘 섞어 가며 볶는다. 촉촉한 짜장볶음밥을 원할 경우 물을 2~3큰술 넣어 볶는다.
8. 기호에 따라 볶음밥 위에 달걀프라이와 베이비 채소를 얹는다.

1…2

3…4

5…6

7…8

중식 레스토랑 부럽지 않은 특별식
중화풍 새우양송이덮밥

새우 살 120g
양송이버섯(큰 것) 6개
당근 1토막
양파 ½개
오이고추 2개
파프리카 ½개
마늘 6쪽
브로콜리 한 줌
굴 소스 1½큰술
간장·참기름 1큰술씩
녹말가루 2큰술
물 2컵
밥 1공기
소금·식용유 약간씩
후춧가루 적당량
새우 밑간
청주 1큰술
소금·후춧가루 약간씩

1. 새우 살은 미리 밑간 양념으로 버무려 잠시 재운다.
2. 양송이버섯은 큼직하게 먹기 좋은 크기로 썬다. 당근, 양파, 오이고추, 파프리카는 채 썰고 마늘은 모양을 살려 편으로 썬다. 브로콜리는 먹기 좋게 송이를 나눠 끓는 물에 소금을 넣고 살짝 데친다.
3. 달군 팬에 마늘을 볶아 향을 낸 다음 당근과 양파를 차례로 넣어 볶는다. 소금을 한 꼬집 넣어 간을 한다.
4. 당근이 살캉거리게 익으면 새우와 양송이버섯, 오이고추, 파프리카를 넣어 함께 볶는다.
5. 새우가 살짝 익어 핑크빛이 돌기 시작하면 미리 데쳐둔 브로콜리를 넣고 물을 부은 뒤 굴 소스와 간장으로 간을 맞춘다.
6. 녹말가루는 물과 1:1의 비율로 물에 개어 팬 가장자리로 돌려가며 끼얹어 재빨리 섞는다. 고루 저어서 걸쭉하게 농도를 맞추는데 너무 되직하면 물을 좀 더 보충한다.
7. 마지막으로 후춧가루와 참기름을 넣고 밥 위에 얹는다.

1…2

3…4

5…6

7

영양 만점, 아이들을 위한 특제 간식

토마토컵치즈밥

완숙 토마토 2개
파프리카(색깔별로) 약간씩
애호박 1토막
양송이버섯 2개
양파 ¼개
햄(통조림) ½캔
소금·통후추 약간씩
따뜻한 밥 1공기
모차렐라 치즈 한 줌
피자용 치즈 1장
식용유 적당량

1. 토마토는 윗부분을 잘라내고 수저로 속을 파낸다.
2. 파프리카, 애호박, 양송이버섯, 양파, 햄 등은 모두 잘게 깍둑썰기 한다.
3. 팬을 달궈 식용유를 두른 다음 호박, 버섯, 양파 등의 채소류를 먼저 볶는다.
4. ③에 햄, 파프리카를 넣고 섞어서 볶은 다음 소금, 통후추로 간을 맞춘다.
5. ④에 밥을 넣고 볶은 후 모차렐라 치즈를 3분의 2 정도 넣고 잘 어우러지게 볶은 후 불을 끈다.
6. 속을 파낸 토마토 컵에 ⑤의 볶음밥을 꾹꾹 눌러 담는다.
7. ⑥에 남은 모차렐라 치즈와 피자용 치즈를 올려 180℃로 예열한 오븐에 10여 분간 굽는다.

1…2

3…4

5…6

7

아이들이 좋아하는 재료를 모두 넣었다!
사과요거트카레

1…2

3…4

5…6

햄(통조림) 1캔
감자 2개
양파 1개
당근 1토막
사과 1개
생표고버섯 3장
분말 카레 1봉지
플레인 요거트 또는
우유 적당량
꿀 ½큰술

1. 햄은 네모나게 깍둑썰기 한 다음 살짝 데친다.
2. 감자, 양파, 당근, 사과, 표고버섯은 모두 비슷한 크기로 썬다.
3. 팬을 달궈 식용유를 두르고 감자, 당근, 표고버섯을 넣고 달달 볶는다. 감자가 익어 살짝 투명해지면 사과, 햄, 양파도 넣어 함께 볶는다.
4. 양파가 투명해지면 재료가 잠길 정도로 물을 자작하게 부어 80% 정도 익힌다.
5. ④에 분말 카레를 물에 개어 조금씩 흘려 붓는다.
6. 재료가 거의 다 익으면 플레인 요거트나 우유를 부어 농도를 맞추고 꿀을 약간 넣은 다음 한소끔 끓인다.

변비로 고생하고 있다면 새콤달콤 죽 한 그릇
고구마사과죽

찹쌀 현미 + 멥쌀 1½컵
물 5컵
우유 2컵
고구마(중간 크기) 3개
사과 ½개
천일염 약간

1. 쌀은 물에 충분히 불린 다음 분량의 물을 부어 곱게 간다.
2. 냄비에 ①의 쌀과 우유 1½컵, 물 2컵을 넣고 눌어붙지 않게 고루 저으며 끓인다.
3. 고구마는 찜통이나 전자레인지에 찐 다음 믹서나 핸드 블렌더에 우유를 ½컵 정도 넣고 곱게 간다.
4. 사과는 껍질째 갈아 준비한다.
5. ②의 쌀이 충분히 퍼져 부드럽게 되면 갈아 놓은 ③과 ④를 넣고 농도를 살펴 가면서 물을 조금씩 더한다.
6. 재료가 고루 어우러지면 소금으로 간을 맞춘다.

땅의 기운을 받아 든든하고 담백한 보양식

우엉죽

찹쌀·발아현미·멥쌀 2컵씩
우엉(식촛물 약간) 2대
불린 표고버섯 3~4개
당근 1토막
생수 12컵
들기름·천일염 적당량씩

1. 쌀은 분량대로 찹쌀, 발아현미, 멥쌀을 섞어 물에 충분히 불린다. 분량의 멥쌀만 사용해도 된다.
2. 우엉은 껍질을 벗기고 식촛물에 잠시 담가 갈변을 방지하고 흙냄새와 떫은맛을 뺀다.
3. 표고버섯, 당근은 깨끗하게 손질한 다음 모두 잘게 다진다. 씹는 맛을 살리기 위해 우엉 1대도 잘게 다진다.
4. 나머지 우엉은 믹서에 곱게 간다.
5. 바닥이 두꺼운 냄비를 달궈 들기름을 두르고 다진 재료를 모두 넣고 볶는다.
6. 불린 쌀은 물기를 빼고 재료와 함께 볶는다.
7. 쌀이 익어 투명해지면 ④와 생수를 붓고 눌어붙지 않게 저어가며 뭉근히 끓인다. 쌀이 익어 충분히 퍼지면 천일염으로 간을 맞추고 불을 끈다.

1…2

3…4

5…6

7

탈모로 고민일 때 자주 먹으면 좋은 음식
검은콩죽

멥쌀 또는 잡곡 2컵
검은콩(서리태) 2컵
생수 10컵
천일염 적당량

1. 멥쌀 또는 잡곡, 검은콩은 깨끗이 씻어 반나절 정도 충분히 불린다.
2. 검은콩은 센 불로 가열해 거품이 끓어오르면 찬물을 한 컵 붓고 8~10분가량 더 가열해 검은콩을 적당히 익힌다. 지나치게 오래 삶으면 메주 냄새가 나므로 주의한다.
3. 멥쌀이나 잡곡은 충분히 불린 다음 흰죽을 쑬 때처럼 생수를 붓고 간간이 저어가며 뭉근히 끓인다. 쌀이 퍼진 뒤 콩물을 넣어 농도 조절을 해야 하니 처음부터 묽게 쑤지 않는다.
4. 믹서에 삶아낸 콩과 콩물을 간다. 고명으로 얹을 삶은 콩은 조금 남긴다.
5. ④는 입자가 곱고 부드러운 죽을 원하면 곱게 간 다음 체에 한 번 거르고 씹히는 맛이 좋으면 조금 거칠게 간다.
6. 쌀이 퍼지면 갈아놓은 ⑤의 콩물을 붓고 생수를 조금씩 부어 농도를 맞추며 중불에서 저어가며 뭉근히 끓인다.
7. ⑥은 천일염으로 간을 맞추고 골고루 저어 섞은 다음 한소끔 더 끓인 후 불을 끈다.
8. 마지막으로 삶은 콩을 얹어 씹히는 맛을 더한다.

1⋯2　3⋯4　5⋯6　7⋯8

실패하지 않고 간단하게 팥죽 만드는 비법
동지팥죽

팥 3컵
멥쌀 2컵
찹쌀가루 2큰술
생수 12컵
가래떡 1~2줄
천일염 적당량

1. 팥은 깨끗이 씻어 찬물을 붓고 끓인 후 팔팔 끓어오르면 물을 완전히 따라내고 다시 찬물을 부어 처음부터 다시 삶는다. 팥이 속까지 익으면 한 컵 남짓 따로 건져내 준비한다.
2. 전통 팥죽을 끓일 것이 아니라면 건져낼 필요 없이 손만 대도 툭툭 터져서 뭉개질 정도로 푹 삶는다. 그래야 앙금 내리기가 수월하다.
3. ②의 무른 팥은 팥 삶은 물과 함께 믹서 등에 곱게 간다.
4. 고운 팥죽을 만들기 위해 체에 내려 껍질이나 건더기를 거른다.
5. 깨끗이 씻어 불려둔 멥쌀에 생수를 붓고 천천히 저어가며 흰죽을 쑤듯 끓인다.
6. 쌀이 완전히 퍼져 흰죽이 되면 ④의 앙금을 넣고 함께 끓인다. 앙금을 넣은 후엔 눌어붙기 쉬우므로 밑바닥까지 저어가며 끓인다.
7. 찹쌀가루는 물에 개어 ⑥에 넣고 고루 저어가며 끓인다.
8. 앙금이 죽과 함께 어우러지면 한입 크기로 썬 말랑한 가래떡을 넣는다.
9. 가래떡이 완전히 익어 떠오르면 따로 건져 놓았던 ①의 팥을 넣고 함께 끓인다.
10. 모든 재료가 어우러져 팥죽이 완성되면 소금으로 간을 맞춘다.

1…2

3…4

5…6

7…8

9…10

고급스러운 버섯 풍미가 살아 있는 레시피
송이버섯쇠고기죽

송이버섯(큰 것) 2~3송이
멥쌀·찹쌀 현미 1컵씩
다진 쇠고기 50g
들기름 2큰술
물 10컵
천일염 적당량
쇠고기 양념
간장·청주·다진 파·다진 양파 1큰술씩
다진 마늘·참기름 1작은술씩
후춧가루 약간

1. 송이버섯은 갓 부분은 먹기 좋은 크기로 썰고 기둥 부분은 결대로 찢는다. 고명으로 올릴 송이버섯은 모양을 살려 납작하게 펴서 썬다.
2. 쌀은 깨끗이 씻어 충분히 불린다.
3. 다진 쇠고기는 분량의 양념으로 미리 재운다.
4. 불린 쌀의 반은 믹서에 거칠고 굵게 간다.
5. 바닥이 두꺼운 냄비를 달구어 들기름을 두르고 ③의 양념한 쇠고기를 달달 볶는다.
6. ⑤의 쇠고기가 살짝 익으면 ④의 쌀과 나머지 쌀을 모두 넣어 잠시 더 볶는다.
7. 쌀이 투명하게 익으면 물을 부어 눌어붙지 않게 중불로 저어가며 끓인다.
8. 쌀이 부드럽게 퍼져 죽이 걸쭉하게 어우러지면 송이버섯을 넣는다. 송이버섯을 미리 넣으면 향긋한 향이 감소되므로 반드시 맨 마지막에 넣어 아주 살짝 익힌다.
9. 천일염으로 입맛에 맞게 간을 맞추고 불에서 내린다.

쿨캣 Says… 송이버섯은 물에 오래 헹구면 좋은 향이 다 날아가요. 지저분한 부분은 칼이나 필러로 가볍게 긁어내고 키친타월에 물을 묻혀 가볍게 닦아내는 정도가 바람직한 송이버섯 손질법입니다.

술 먹은 다음 날, 속 편하게 풀어주는 해장죽

황태콩나물죽

불린 멥쌀 2컵
황태(큰 것) ½마리
무 1토막
콩나물 150g
생표고버섯 3장
멸치 다시마 육수 10컵
참치 액젓 1큰술
소금 1작은술
쪽파 또는 대파 약간
들기름 적당량
황태 밑간
맛술 2큰술
들기름 1큰술

1. 쌀은 미리 불리고, 황태는 손질해 결대로 찢어 밑간을 한다. 무는 납작하게 썰고, 콩나물은 꼬리를 떼어 손질한다. 표고버섯의 기둥은 그대로 두고 나머지 부분은 깍둑썰기 한다.
2. 달군 냄비에 들기름을 넉넉히 두르고 표고버섯, 무를 달달 볶는다.
3. ②에 밑간을 한 황태 채를 넣고 살짝 볶는다.
4. 재료에 기름이 배어들면 불린 쌀을 넣어 가볍게 볶아 쌀알에 들기름 향이 배도록 한다.
5. ④에 멸치 다시마 육수를 부어 센 불로 끓이다 한번 끓어오르면 중불 이하로 낮추고 중간 중간 눌어붙지 않게 고루 휘저어가며 뭉근히 끓인다.
6. 쌀알이 완전히 퍼지면 참치 액젓을 넣어 간을 한다.
7. ⑥에 콩나물을 넣고 뚜껑을 연 상태로 한소끔 끓인다.
8. 부족한 간은 소금으로 맞추고 마지막으로 송송 썬 파를 고명으로 올린다.

1…2

3…4

5…6

7…8

씹히는 식감을 느끼고 싶을 때 제맛
우렁근대죽

우렁 두 줌
근대 1단
생표고버섯 3장
당근 1토막
불린 쌀 2컵
멸치 표고 육수 10컵
들기름 1큰술
근대 양념
된장 2큰술
고추장 · 맛술 · 들기름 1큰술씩
고춧가루 · 다진 마늘 ½큰술씩

1. 우렁은 깨끗이 씻어 건지고 근대는 끓는 물에 소금 약간을 넣고 데쳐 찬물에 헹군 후 먹기 좋은 크기로 썬다. 표고버섯은 모양을 살려 썰고, 당근은 다진다.
2. 멥쌀은 충분히 불린다.
3. 냄비를 달궈 들기름을 넉넉히 두르고 불린 쌀과 표고버섯, 당근을 넣고 쌀이 익어 투명해질 때까지 볶는다.
4. ③에 멸치 표고 육수를 붓고 눌어붙지 않게 저어가며 중불로 끓인다.
5. 데친 근대에 우렁을 넣고 분량의 양념으로 무친다.
6. 쌀이 익어 퍼지면 ⑤를 넣고 고루 어우러지게 끓인다.
7. 간은 소금으로 맞춘다.

1…2

3…4

5…6

7

자투리 재료의 재발견! 냉장고 정리용 요리
오징어버섯죽

멥쌀 +발아 찰현미 2컵
오징어(다리와 귀 부분)
2마리 분량
몸통 ½마리
생표고버섯 3개
양파 1개
당근 ½개
피망 · 파프리카 약간씩
참기름 1큰술
맛술 2큰술
쌀뜨물 ·
멸치 다시마 육수 5½컵씩
참치 액젓 2큰술
소금 · 김 가루 ·
검은깨 약간씩

1. 쌀은 깨끗이 씻어 충분히 불려 물기를 뺀다. 오징어, 표고버섯, 양파, 당근, 피망 등은 잘게 다진다.
2. 달군 팬에 참기름과 맛술을 넣은 후 피망을 제외한 ①의 재료를 달달 볶는다.
3. 재료가 어느 정도 익으면 불린 쌀을 넣고 함께 볶는다.
4. 쌀이 익어 투명해지면 쌀뜨물과 멸치 다시마 육수를 1 : 1의 비율로 넣어 눌어 붙지 않게 고루 저어가며 뭉근히 끓인다.
5. 쌀이 거의 퍼지면 잘게 다진 피망을 넣어 한소끔 더 끓이고 분량의 참치 액젓을 넣는다. 간은 소금으로 맞춘다.
6. 기호에 따라 참기름과 김 가루, 검은깨를 더한다.

1…2
3…4
5…6

바다 내음 물씬 풍기는 고영양 별미죽
전복매생이죽

전복(중간 크기) 3개
매생이 300g
찹쌀·멥쌀 1컵씩
물 12컵
소금 적당량

1. 찹쌀과 멥쌀은 분량대로 섞어 깨끗이 씻은 후 충분히 불린다.
2. 전복은 껍질에서 떼어낸 다음 내장과 살을 분리해 내장은 따로 듬성듬성 썬다.
3. 전복은 익으면 크기가 줄므로 큼직하게 썰고, 매생이도 듬성듬성 썬다.
4. 전복은 달군 냄비에 들기름을 넉넉하게 두른 뒤 볶는다.
5. ④에 물기를 뺀 불린 쌀과 내장을 넣고 함께 볶는다.
6. ⑤가 고루 볶아지면 물을 붓고 센 불로 끓이다가 한번 끓어오르면 중불로 낮춰 뭉근히 저어가며 끓인다.
7. 쌀이 퍼져서 죽이 걸쭉하게 되면 매생이를 넣는다.
8. 매생이와 죽이 잘 섞이도록 고루 저으며 끓이다가 충분히 어우러지면 소금으로 간을 맞춘다.

1…2

3…4

5…6

7…8

고단백 저지방 요리의 진수, 다이어트에 좋은 메뉴
대합버섯죽

대합(개조개) 4개
마른 표고버섯 3~4개
당근 ½개
찹쌀 1컵
멥쌀 1½컵
표고버섯 불린 물 +
멸치 육수 14컵
들기름 · 천일염 적당량씩
검은깨 약간

1. 대합은 먹기 좋은 크기로 썰고, 표고버섯은 물에 불린 후 작게 썰고, 당근도 다진다.
2. 달군 팬에 들기름을 두르고 준비한 대합과 버섯, 당근을 모두 넣어 볶는다.
3. ②에 미리 불려 물기를 뺀 찹쌀과 멥쌀을 넣고 볶는다.
4. 쌀이 살짝 익어 투명해지면 표고 불린 물과 멸치 육수를 함께 붓는다.
5. 눌어붙지 않게 중간 중간 저어가며 뭉근히 끓인다.
6. 쌀이 완전히 익어 퍼지면 소금으로 간을 맞추고 기호에 따라 검은깨를 더한다.

1···2
3···4
5···6

바다의 기운을 담은 신선한 해산물 죽
맛조개파래죽

멥쌀 2컵
당근 1토막
맛조개 250g
김파래 2뭉치
들기름 2큰술
멸치 다시마 육수 10컵
소금 적당량

1. 쌀은 깨끗이 씻어 미리 충분히 불린다.
2. 당근은 잘게 다지고 맛조개는 큼직하게 썰고 파래는 깨끗이 씻어 두어 번 썬다. 조개는 익으면 크기가 줄어들므로 크게 썬다.
3. 들기름을 넉넉히 두르고 불린 쌀을 볶다가 당근과 조개도 넣어 볶는다.
4. 쌀이 투명해지면 멸치 다시마 육수를 붓고 눌어붙지 않게 저어가며 중불 이하로 뭉근히 끓인다.
5. 쌀이 완전히 익어 퍼지면 파래를 넣어 고루 섞어 한소끔 끓인다.
6. 소금으로 간을 맞춘 후 불에서 내린다.

1…2

3…4

5…6

남은 찬밥으로 만드는 건강 별미죽
미역참치죽

자른 미역 40g
불린 표고버섯 2개
들기름 · 참치 액젓 적당량씩
참치(통조림) 1캔
찬밥 1공기
멸치 다시마 육수와
표고 불린 물 또는 물 2½컵

1. 미역은 불려서 물기를 짜고 불린 표고버섯은 적당한 길이로 썬다. 일반 미역을 사용할 때는 불린 다음 3~4cm 폭으로 썬다. 표고 불린 물은 따로 담아둔다.
2. 달군 냄비에 들기름을 두르고 불린 미역과 표고버섯을 넣고 참치 액젓으로 간을 맞춰 달달 볶는다.
3. 미역이 숨이 죽으면 기름을 뺀 참치를 넣고 함께 볶는다.
4. ③에 찬밥 1공기를 넣고 기름이 살짝 배게 볶는다.
5. ④에 분량의 멸치 다시마 육수와 표고버섯 불린 물 또는 생수를 붓는다. 물은 우선 2컵 정도 부은 다음 밥이 퍼지는 정도를 보면서 조금씩 더 첨가해 농도를 조절한다.
6. 밥이 충분히 퍼지고 미역이 부드럽게 익으면 참치 액젓으로 간을 맞춘다.

1…2

3…4

5…6

2

홍합어묵탕
매운어묵탕
콩장콩탕
우엉들깨탕
대파달걀탕
오징어두부찌개
명란비지찌개
두부애호박젓국찌개
조랭이떡미역국
굴두부국
성게알미역국
황태감자국
파래굴국
열큰쇠고기국
단호박두부국
달래미소두부국
달걀순두부국
얼갈이배춧국
배추시래깃국

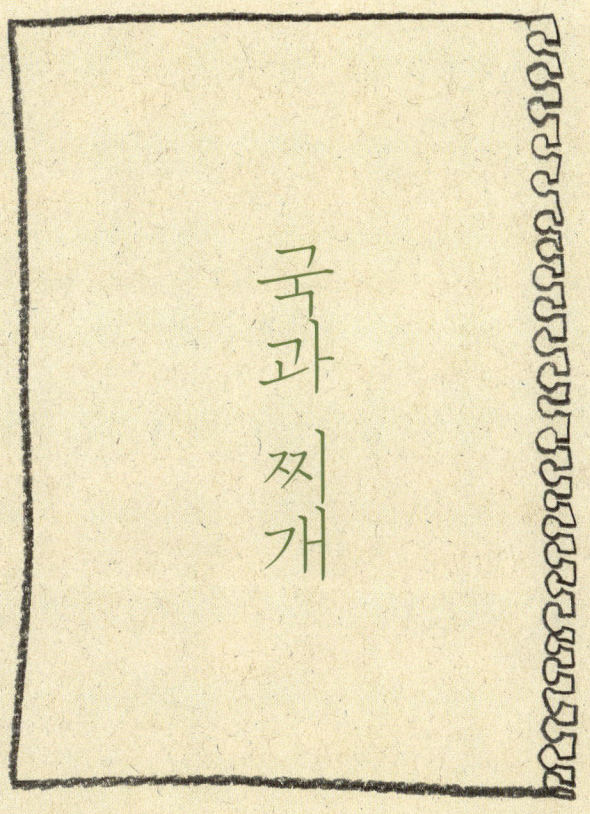

국과 찌개

아침 식탁을 더욱 풍성하게 해주는 국과 찌개.
마땅한 반찬이 없을 때는 국과 찌개만 제대로 끓여내도 정성 식탁을 차릴 수 있다.
일품요리 못지않은 쿨캣의 국과 찌개 레시피.

편안하고 든든하니 아침 식사로 딱!
배추시래깃국

배추 겉잎 7~8장
멸치 다시마 육수 10컵
무 1토막
생표고버섯 3개
청·홍고추 1개씩
대파 ½대
배추 양념
고춧가루·된장·다진 마늘·
맛술·국간장 1큰술씩
표고 가루 1작은술
들기름 약간

1. 거칠고 질긴 배추 겉잎은 끓는 물에 데쳐 찬물에 잠시 담근다. 겉잎의 얇은 비닐 같은 껍질은 살짝 벗겨내고 질긴 섬유질 부분도 제거한다.
2. 손질한 배춧잎은 먹기 좋은 크기로 썬 뒤 양념을 넣고 조물조물 무쳐 간이 잘 배도록 20분 정도 둔다.
3. 멸치 다시마 육수에 납작썰기 한 무와 모양을 살려 썬 표고버섯을 넣고 함께 끓인다.
4. 무가 살짝 익으면 ②의 배추를 넣고 물러지도록 중불 이하로 뭉근히 끓인다.
5. 배추가 부드럽게 익으면 송송 썬 청·홍고추와 대파를 넣고 국간장으로 간을 맞춰 상에 낸다.

1···2
3···4
5

시원한 된장 국물이 생각날 때 후다닥 끓인다
얼갈이배춧국

솎음 배추 1봉지
무 1토막
쇠고기 200g
대파 1대
청·홍고추 1개씩
고춧가루 2큰술
표고버섯 가루·다진 마늘·
맛술 1큰술씩
된장 1½큰술
참기름·국간장 약간씩
생수 13컵

1. 배추는 팔팔 끓는 물에 소금을 약간 넣고 배추 줄기부터 먼저 넣는다. 열까지 센 다음 전체를 넣어 익힌다.
2. 새파랗게 데친 배추는 바로 찬물에 담가 식힌 다음 물기를 꼭 짠다.
3. ②의 배추는 먹기 좋은 크기로 썰어 분량의 고춧가루, 표고버섯가루, 다진 마늘, 맛술, 된장, 참기름을 넣고 조물조물 무쳐 간이 배게 잠시 둔다.
4. 바닥이 두꺼운 냄비를 달궈 참기름을 약간 두르고 다진 마늘, 납작하게 썬 무와 쇠고기를 넣고 함께 볶는다. 이때 맛술, 국간장으로 간한다.
5. ④의 쇠고기가 익으면 물을 잘박하게 붓는다.
6. ⑤에 ③의 배추를 넣어 처음엔 센 불로 끓이다 한 번 끓어오르면 불을 낮추고 뭉근히 끓인다. 이때 생기는 거품은 걷어낸다.
7. 무와 배추가 충분히 익어 무르고 국물이 진하게 우러나오면 송송 썬 대파와 고추를 넣어 한소끔 더 끓인다.
8. 마지막으로 국간장으로 간을 맞춘다.

1…2

3…4

5…6

7…8

10분 만에 완성하는 든든한 아침 국

달걀순두부국

달걀 2개
맛술 1큰술
멸치 다시마 육수 4컵
순두부 1봉지
대파 ½대
새우젓 약간

1. 달걀에 맛술 1큰술, 멸치 다시마 육수 1큰술을 넣어 곱게 푼다.
2. 멸치 육수가 팔팔 끓으면 순두부를 봉지째 칼로 반을 뚝 잘라서 큼직하게 통으로 넣는다.
3. 국물이 한번 끓어올라 순두부가 살짝 익으면 준비해 놓은 달걀 물을 흘려 넣어 줄 알을 친다.
4. 달걀이 익어 몽글몽글하게 뭉치면 송송 썬 대파를 넣고 새우젓으로 간을 맞춘다.

1⋯2

3⋯4

봄을 담은 맛, 이렇게 담백해도 되는 거야?
달래미소두부국

멸치 다시마 육수 4컵
미소 된장 1½큰술
두부 ½모
달래 1묶음

1. 멸치 다시마 육수는 팔팔 끓이다가 준비한 미소 된장을 재빨리 풀어 넣는다.
2. 국물이 한소끔 후르르 끓어오르면 주사위 모양으로 작게 썰어 둔 두부를 넣어 함께 끓인다.
3. ②의 된장국이 한 번 더 끓어오르면 깨끗이 다듬어 먹기 좋게 썰어 둔 달래를 넣고 바로 불을 끈다.

1···2

3

채소와 두부가 어우러진 담백한 국물
단호박두부국

1…2

3…4

5…6

단호박 ½통
두부 1모
생표고버섯 2개
양파 ½개
청·홍고추 1개씩
대파 약간
천일염 적당량
멸치 다시마 육수
멸치 한 줌(8마리)
다시마(5×5cm) 1장
마른 표고버섯 2개
청주 1큰술
물 5컵

1. 단호박은 속을 긁어낸 다음 납작하게 썰고, 두부는 깍둑썰기 한다. 표고버섯과 양파는 채 썰고, 고추와 대파는 송송 썬다.
2. 육수 재료인 멸치는 팬에 살짝 볶아 비린내를 없애고 다시마는 면포로 가볍게 닦는다.
3. 분량의 육수 재료는 물에 담가 20~30분 정도 우린 다음 센 불로 가열해 끓어오르면 5분 후 다시마는 건지고 불을 줄여 15분 정도 끓인다.
4. 체에 거른 멸치 육수에 표고버섯과 단호박을 넣어 끓인다.
5. ④의 단호박이 익으면 두부와 양파를 넣고 끓인다.
6. 양파가 투명하게 익으면 고추와 대파를 넣고 천일염으로 간을 맞춘다. 기호에 따라 매콤한 맛을 즐기려면 청양고추를 넣는다.

쿨캣 Says… 멸치 다시마 육수를 만들 때 오래 끓이면 다시마에서 쓴맛이 우러나고 미끈한 알긴산이 나와서 국물이 탁해지고 깔끔하지 않아요. 또한 반드시 뚜껑을 열고 끓여야 비린내가 휘발되어서 맛있는 국물이 완성됩니다.

고기가 듬뿍 들어가 든든한 엄마 손맛
얼큰쇠고기국

쇠고기 양지 200g
참기름 적당량
고춧가루 · 국간장 2큰술씩
마늘 · 청주 1큰술씩
무 1토막
물 또는 다시마 육수 14컵
숙주 적당량
느타리버섯 1봉지
대파(푸른 잎 부분 포함) 2대
양파 ½개
천일염 약간

1. 양지는 키친타월에 올려 손으로 꾹꾹 눌러 가며 핏물을 제거한다.
2. 달군 냄비에 참기름을 넉넉히 두르고 고춧가루, 마늘을 넣고 살짝 볶아 고추기름을 낸다. 여기에 쇠고기와 국간장, 청주를 넣고 달달 볶는다.
3. 사방 썰기로 준비해 놓은 무를 넣고 함께 볶는다.
4. 무가 어느 정도 익으면 육수를 잘박하게 부어 센 불로 가열해 끓인다. 끓어오르면 중불로 낮추고 뭉근히 끓인다.
5. 무가 거의 익고 고기 국물이 우러나오면 씻어 둔 숙주와 큼직하게 찢은 느타리버섯을 넣고 끓인다.
6. 숙주가 부드럽게 익으면 어슷하게 썬 대파를 듬뿍 넣고 채 썬 양파도 넣어 한소끔 끓인다.
7. 국간장과 천일염으로 간을 맞춰 상에 낸다.

1···2

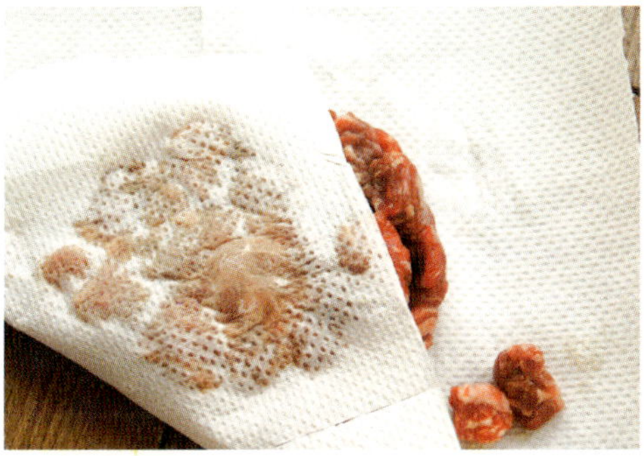

3···4

5···6

7

애연가를 위한 영양 가득 해독 요리
파래굴국

김파래 한줌
굴 1봉지
멸치 다시마 육수 6컵
무 1토막
두부 ½모
천일염·참기름 약간씩

1. 김파래는 가볍게 주물러 씻어 한 번 헹궈낸 다음 체에 밭쳐 물이 담긴 볼에 넣고 흔들어 부유물이 떠오르면 따로 건져내는 작업을 4회 정도 반복한다. 씻은 파래는 물기를 쫙 빼고 먹기 좋은 크기로 대충 썬다.
2. 굴은 소금물에 흔들어 씻어 두어 번 헹군 다음 체에 밭쳐 물기를 뺀다.
3. 분량의 멸치 다시마 육수에 무를 채 썰어 넣고 끓인다.
4. 무가 부드럽게 익으면 깍둑썰기 한 두부와 김파래, 굴을 넣어 한소끔 끓인다.
5. 파래가 새파랗게 살아나면 천일염을 넣어 간을 맞춘다.
6. 고소한 맛을 즐기려면 마무리로 참기름을 한두 방울 떨어뜨린다.

1···2

3···4

5···6

든든하게 속 풀어 주는 베스트 아침 국
황태감자국

감자(중간 크기) 3개
애호박 1토막
생표고버섯 2~3장
황태 한줌
양파 ½개
청·홍고추 1개씩
조랭이떡 한 줌
멸치 다시마 육수 6컵
다진 마늘 1작은술
맛술·들기름 또는 참기름·
국간장 1큰술씩
소금 약간

1. 감자는 밤톨만 한 크기로 큼직하게 썬 다음 모서리 부분은 돌려 깎는다.
2. 손질한 감자는 잠시 물에 담가 전분기를 뺀다.
3. 애호박은 은행잎 모양으로 썰고, 표고버섯은 큼직하게 썬다. 황태는 깨끗이 씻어 물기를 꼭 짜고, 양파는 채 썰고, 고추는 각각 송송 썬다.
4. 달군 냄비에 기름을 두르고 다진 마늘과 황태, 표고버섯, 맛술을 넣고 달달 볶는다.
5. 표고버섯이 숨이 죽으면 멸치 다시마 육수를 붓는다.
6. ⑤에 감자와 조랭이떡을 차례로 넣고 끓인다.
7. 감자가 거의 익으면 애호박과 양파를 넣고 국간장과 소금으로 간을 맞춘다.
8. 애호박이 살캉거리게 익으면 청·홍고추를 넣고 한소끔 끓인다.

쿨캣 Says… 각진 감자는 끓으면서 서로 부딪치고 뭉개져 국물을 탁하게 해요. 번거롭더라도 모서리를 돌려 깎으면 국물이 깔끔해집니다.

1…2
3…4
5…6
7…8

평범한 미역국에 특별한 맛을 가미하려면…
성게알미역국

불린 미역 두 줌
두부 ½모
성게알 20g
멸치 다시마 육수 7컵
들기름 1~2큰술
국간장 2큰술
맛술 1큰술
천일염 약간
들깨가루 2큰술

1. 불린 미역은 먹기 좋은 크기로 자르고, 두부는 주사위 모양으로 썬다.
2. 냄비에 들기름을 두른 다음 미역과 국간장, 맛술을 넣고 달달 볶는다.
3. ②에 멸치 다시마 육수를 붓고 센 불로 가열해 한번 부르르 끓어오르면 불을 낮추어 뭉근히 끓인다.
4. 미역이 부드럽게 익으면 두부를 넣는다.
5. ④에 성게알을 찻숟가락으로 조금씩 떠 넣는다. 성게알이 풀어지므로 휘젓지 않는다.
6. 젓지 않고 익히면 알이 떠 넣은 모양 그대로 익는다. 굳어진 다음에는 살살 뒤적여도 풀어지지 않는다.
7. 국간장과 천일염으로 간을 맞추고 들깨가루를 듬뿍 넣은 후 한소끔 끓인다.

1…2

3…4

5…6

7

굴의 풍미가 살아 있어 더욱 시원하다
굴두부국

두부 ½모
굴 1봉지(200g)
무 1토막
새송이버섯 1개
양파 ½개
대파 ½대
청·홍고추 1개씩
멸치 다시마 육수 5컵
새우젓 약간

1. 두부는 도톰하게 깍둑썰기 하고, 무와 새송이버섯은 나박썰기 한다. 양파는 채 썰고 대파와 고추는 송송 썬다.
2. 굴은 소금물에 가볍게 살살 흔들어 씻어 헹군 다음 체에 밭쳐 물기를 뺀다.
3. 멸치 다시마 육수에 무를 넣고 끓인다.
4. 무가 살캉거리게 익으면 새송이버섯을 넣고 한소끔 끓인다.
5. 버섯이 익으면 두부와 양파를 넣고 한소끔 끓인다.
6. 두부가 익어 떠오르면 물기를 뺀 굴을 넣는다.
7. 새우젓으로 간을 맞춘다.
8. ⑦은 대파와 고추를 넣고 한소끔 더 끓인다.

1…2
3…4
5…6
7…8

든든해서 아침 식사 대용으로 딱이다!
조랭이떡미역국

불린 미역 2~3컵
황태 채 두 줌
조랭이떡 1½컵
마른 표고버섯 한 줌
들기름·국간장 2큰술씩
참치 액젓 1큰술
멸치 육수 6컵
표고버섯 불린 물 4컵
들깨가루 2~3큰술
천일염 적당량

1. 미역은 물에 충분히 불려 두어 번 헹궈 물기를 뺀 다음 먹기 좋은 길이로 자른다.
2. 황태 채는 물에 한번 씻어 물기를 살짝 짠다.
3. 조랭이떡은 물에 한번 흔들어 씻어 건진다. 굳은 떡은 끓는 물에 잠시 데쳐 말랑하게 만드는 것도 방법이다.
4. 마른 표고버섯은 물에 충분히 불린 다음 나박썰기 한다. 버섯 불린 물은 따로 담아둔다.
5. 냄비를 달궈 들기름을 넉넉히 두른 다음 불린 표고버섯과 황태 채를 볶는다.
6. ⑤에 불린 미역을 넣고 볶다가 참치 액젓과 국간장으로 간한다.
7. 미역이 약간 나른할 정도로 변하면 멸치 육수와 표고버섯 불린 물을 넣고 끓인다.
8. 국물이 뽀얗게 우러나면서 미역이 충분히 익으면 조랭이떡을 넣고 끓인다.
9. 떡이 위로 떠오르면 들깨가루를 듬뿍 풀고 천일염으로 간을 맞춘다.

1…2 3…4 5…6 7…8 9

맑고 시원한 새우젓의 감칠맛이 생각날 때
두부애호박젓국찌개

두부 ½모
애호박 ½개
감자 2개
양파 1개
느타리버섯 한 줌
달래 ½묶음
청·홍고추 1개씩
멸치 다시마 육수 4컵
새우젓 1큰술

1. 두부는 먹기 좋은 크기로 네모지게 썰고, 애호박은 반달썰기 한다. 감자는 납작썰기 하고 양파는 채 썬다.
2. 느타리버섯은 굵직하게 찢고, 달래는 먹기 좋은 길이로 썬다. 고추는 각각 어슷하게 썬다.
3. 분량의 멸치 다시마 육수는 냄비에 담는다.
4. ③에 감자를 넣고 센 불로 끓여 한번 끓어오르면 중불에서 서서히 익힌다.
5. ④의 감자가 익으면 애호박과 두부, 양파를 넣고 함께 끓인다.
6. 한소끔 끓여 애호박이 익으면 느타리버섯과 고추를 넣고 함께 끓인다.
7. ⑥에 달래를 넣고 한소끔 끓인다.
8. ⑦이 끓어오르면 새우젓 국물과 건더기를 약간 넣어 간을 맞춘다.

바쁜 아침 15분 만에 만드는 깔끔한 맛
명란두부찌개

두부 ½모
무 1토막
애호박 ⅓개
명란젓(큰 것) 1쌍
멸치 다시마 육수 3컵
청·홍고추 1개씩
대파 ½대
다진 마늘 1작은술
새우젓 약간

1. 두부, 무, 애호박은 납작썰기 하고 명란젓은 큼직하게 토막 낸다.
2. 멸치 다시마 육수에 무를 넣고 끓인다.
3. 무가 살캉거리게 익으면 두부와 애호박을 넣고 끓인다.
4. 애호박이 살짝 익으면 명란젓을 넣고 한소끔 끓인다.
5. ④에 송송 썬 청·홍고추와 대파, 마늘을 넣고 새우젓으로 간을 맞춘 후 한소끔 더 끓인다.
6. 매콤한 맛을 원한다면 고춧가루를 약간 넣어도 좋다.

1···2
3···4
5···6

명란과 두부가 어우러진 담백한 국물 맛
명란비지찌개

멸치 다시마 육수 4컵
무 1토막
양배추 잎 2~3장
생표고버섯 2개
두부 1½모
명란젓 1쌍
다진 마늘 1작은술
새우젓 약간
대파 ½대
홍고추 1개

1. 멸치 다시마 육수에 납작하게 나박썰기 한 무를 넣고 끓인다.
2. 무가 살짝 투명해지면 양배추와 표고버섯을 먹기 좋은 크기로 썰어 넣고 끓인다. 양배추 대신 일반 배추를 넣어도 맛있다.
3. 양배추가 숨이 죽으면 대충 으깬 두부를 넣고 함께 끓인다.
4. 두부가 다른 재료와 부드럽게 어우러지면 적당한 크기로 토막 낸 명란젓과 다진 마늘을 넣고 끓인다. 기호에 따라 고춧가루를 첨가해도 좋다.
5. ④의 명란젓이 익고 국물이 끓어오르면 새우젓으로 간을 맞춘다.
6. 마지막으로 송송 썬 대파와 홍고추를 넣고 한소끔 더 끓인 다음 불을 끈다.

1…2
3…4
5…6

칼칼한 고추장 양념을 넣어 얼큰한 맛이 일품
오징어두부찌개

물오징어 1마리
무 1토막
두부 1모
애호박 1토막
대파 ½대
청·홍고추 1개씩
마른 표고버섯 2~3개
느타리버섯 한 줌
멸치 다시마 육수 4컵
양념장
고춧가루 2큰술
고추장 1½큰술
다진 마늘·맛술 1큰술씩
새우젓 2작은술
참기름 1작은술
후춧가루·국간장·
소금 약간씩

1. 양념장은 미리 만들어 30분 정도 숙성시킨다.
2. 오징어는 손질한 다음 먹기 좋은 크기로 썰어 칼집을 넣는다.
3. 무는 나박썰기 하고, 두부는 도톰하게 썬다. 애호박은 반달썰기 하고, 대파와 고추는 각각 송송 썬다. 표고버섯은 미리 불려 채 썰고, 느타리버섯은 먹기 좋게 찢는다.
4. 냄비에 분량의 멸치 다시마 육수를 붓고, 무와 표고버섯을 넣는다.
5. 무가 어느 정도 익으면 두부와 애호박, 오징어, ①의 양념장을 함께 넣고 끓인다.
6. ⑤의 오징어와 두부가 부드럽게 익으면 느타리버섯과 고추, 대파를 넣고 한소끔 끓인다.

1···2

3···4

5···6

냉장고 속 재료로 초스피디로 완성한다

대파달걀탕

대파 2대
달걀 2개
마른 표고버섯 2개
밀가루 3큰술
홍고추 ½개
멸치 다시마 육수 5컵
소금·후춧가루 약간씩
참기름 ½큰술

1. 우선 멸치 다시마 육수를 준비한다.
2. 대파는 4~5cm 길이로 채 썬다.
3. 채 썬 대파는 소금을 약간 뿌리고 4~5분 후 물기가 살짝 배어 나오면 밀가루를 넣어 가볍게 버무린다.
4. 달걀은 알끈을 제거하고 소금을 약간 넣고 푼다.
5. ①의 육수에 불려서 채 썬 표고버섯을 넣고 끓인다.
6. ⑤의 표고버섯이 익으면 센 불로 올려 밀가루 옷을 입힌 대파를 넣고 한소끔 끓인다.
7. 대파가 살짝 익고 국물이 약간 걸쭉하게 어우러지면 달걀 물을 가장자리로 흘려 부어 줄알을 친다.
8. 달걀이 익어서 부풀어 오르면 후춧가루와 소금으로 간을 맞춘다.
9. ⑧에 참기름을 넣어 고소한 맛과 향을 더한 다음 곱게 채 썬 홍고추나 송송 썬 실파 등을 고명으로 올린다.

1…2
3…4
5…6
7…8
9

구수하고 담백한 다이어트식
우엉들깨탕

마른 표고버섯 3장
우엉(식초 1큰술) ⅓대
양파 ½개
두부 ⅓모
청·홍고추 1개씩
대파 1대
팽이버섯 ½봉지
들기름 약간
표고 불린 물·
멸치 다시마 육수 2½컵씩
다진 마늘 1작은술
찹쌀가루 1큰술
들깻가루 2큰술
식초·국간장·소금 약간씩

1. 표고버섯은 미리 따뜻한 물에 담아 충분히 불린다. 버섯 불린 물은 따로 담아 둔다.
2. 우엉은 칼등을 이용해 대충 쓱쓱 긁어 껍질을 벗긴다.
3. 손질한 우엉은 어슷하게 썰어 식초를 탄 물에 잠시 담가 갈변을 방지하고 떫은맛도 빼준다.
4. 표고버섯, 양파, 두부는 한입 크기로 썰고 청·홍고추와 대파는 송송 썬다. 팽이버섯은 밑동을 제거하고 적당히 떼어 놓는다.
5. 냄비를 달궈 들기름을 넉넉히 두르고 다진 마늘과 우엉, 표고버섯을 넣고 약한 불로 3~4분 정도 달달 볶는다.
6. ⑤에 양파를 넣고 볶다가 양파가 투명하게 변하면 표고버섯 불린 물과 멸치 다시마 육수를 1:1의 비율로 섞어 붓는다.
7. 국물이 뽀얗게 우러나오고 우엉이 충분히 익도록 약한 불로 뭉근히 끓인다.
8. 찹쌀가루와 들깻가루를 1:2 정도의 비율로 섞어 물에 개어 푼 뒤 ⑦에 넣는다.
9. ⑧에 두부, 청·홍고추를 넣고 국간장과 소금으로 간을 맞춰 한소끔 끓인다.
10. 두부가 익어 떠오르면 어슷하게 썬 대파와 팽이버섯을 넣어 한소끔 더 끓여 숨이 죽으면 불을 끈다.

1…2
3…4
5…6
7…8
9…10

쉽고 간단하게 만드는 즉석 순두부 요리
콩장콩탕

날콩가루 · 물 1컵씩
굵은 소금 1큰술
물 1½컵
다진 파 · 부추 · 홍고추 ·
양념장 적당량씩

1. 날콩가루에 물을 분량대로 부어 멍울 없이 곱게 잘 푼다.
2. 김장때 사용하는 간수가 빠지지 않은 굵은 천일염을 물에 녹인다.
3. ①의 콩물에 물을 1컵 반가량 부어 중불로 은근히 가열하며 눌어붙지 않게 중간 중간 젓는다.
4. 콩물이 익어 콩 비린내가 사라지고 구수한 냄새가 나면서 끈기가 생기면 ②의 소금물을 조금씩 부어가며 가볍게 한두 번 젓는다. 많이 저으면 콩장이 형성이 되지 않으므로 주의한다.
5. 콩물이 걸쭉해지고 덩어리가 생기면서 순두부처럼 살짝 몽글몽글해지면 불을 끈다.
6. ⑤의 콩장에 다진 파나 부추, 홍고추를 얹고 양념장을 끼얹어 먹는다.

1…2
3…4
5…6

떡이 들어가 더 푸짐하고 맛있다
매운어묵탕

멸치 다시마 육수 6컵
무 1토막
조기 어묵 2장
구운 어묵 1팩
가래떡(굵은 것) ½줄
양파 ½개
청양고추·홍고추 1개씩
대파 ½대

양념장
고춧가루 1½큰술
참치 액젓·고추장·
맛술 1큰술씩
다진 마늘 ½큰술

1. 냄비에 멸치 다시마 육수를 넉넉히 붓고 나박나박 썬 무를 넣어 끓인다.
2. 어묵은 끓는 물에 살짝 데쳐 적당한 크기로 썬 다음 ①의 무가 살캉거리게 익을 때쯤 넣는다.
3. ②에 분량의 양념장 재료를 모두 넣고 센 불로 팔팔 끓인다.
4. 어묵이 거의 익으면 먹기 좋게 토막 낸 가래떡도 함께 넣어 끓인다.
5. 떡이 거의 익으면 도톰하게 썬 양파를 넣어 한소끔 끓인다.
6. 마지막으로 청양고추와 홍고추, 송송 썬 대파를 넣어 한소끔 더 끓이고 간은 소금으로 맞춘다.

1…2
3…4
5…6

안주는 물론 주말 별식으로 그만!
홍합어묵탕

1…2

3…4

홍합(청주 2큰술) 1망
종합 어묵 1봉지
청양고추 1개
대파 1대
참치 액젓 2큰술
맛술 1큰술
멸치 다시마 육수
무 2토막
멸치 한 줌
다시마(손바닥 크기) 2장

1. 홍합은 지저분한 수염을 떼어내고 솔로 깨끗이 씻는다. 홍합이 잠기도록 물을 붓고 청주 2큰술을 넣고 끓여 홍합의 입이 벌어지면 홍합은 건지고, 국물은 체에 밭쳐 따로 둔다.
2. 어묵은 끓는 물에 데쳐 기름기와 첨가물을 제거한 다음 적당한 크기로 썰어 꼬치에 끼운다. 청양고추와 대파는 굵게 썬다.
3. 냄비에 물을 붓고 큼직하게 썬 무와 멸치, 다시마를 넣고 센 불에서 한번 끓어오르면 불을 낮추고 5분 뒤 다시마는 건져내고 무가 충분히 무르도록 끓인다.
4. ①의 홍합 육수와 ③의 멸치 다시마 육수를 1:1 비율로 섞고 참치 액젓으로 간을 맞춘 다음 꼬치에 끼운 어묵과 청양고추를 넣고 끓인다.
5. 어묵이 어느 정도 익으면 대파를 넣고 한소끔 끓인 후 미리 삶아서 건져둔 홍합을 넣어 고루 어우러지게 다시 한소끔 끓인다.

쿨캣 Says… 육수를 내고 남은 다시마는 적당한 길이로 잘라 어묵과 함께 돌돌 말아 보세요. 모양도 예쁘고 맛도 살아난답니다. 익힌 무도 적당한 크기로 썰어 꼬치에 함께 끼우세요. 홍합은 오래 삶으면 질겨지므로 미리 건져두었다가 마지막에 넣고 한소끔 끓이면 싱싱한 홍합의 질감을 즐길 수 있습니다.

3

오이와사비무침
절편달걀말이
참치김치볶음달걀말이
삼치강정
어묵달걀찜
북어채쪽파무침
오징어양념구이
전복조림
알감자버터조림
볶은콩자반
단호박고추장볶음
감자볶음
가지양념구이
어묵채소무침
시래기찜
열무들깨볶음
무팽이버섯나물
세가지맛시금치나물
실파김무침
애호박들깨나물
얼갈이배추청국장무침
콩나물달래무침

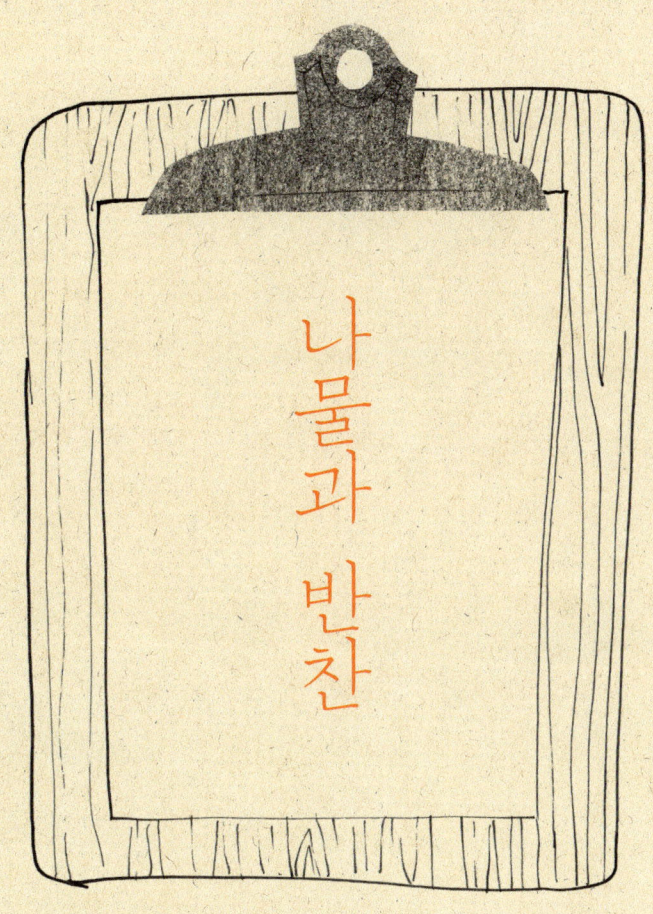

나물과 반찬

어떤 메뉴든 만들어 바로 먹어야 제 맛.
반찬은 맛도 좋지만 손쉽고 빠르게 조리할 수 있어야 인기 메뉴다.
제철 재료를 활용해 나물 몇 가지 추가하면 매일 반찬 레시피가 풍성해진다.
여기에 제맛을 즐길 수 있는 비결은 만들어 바로 먹는 것이다.

아삭아삭 씹히는 맛이 입맛 돌게 하네!
콩나물달래무침

콩나물 200g
달래 100g
깻잎 7장
양파 ½개
홍고추 1개
참기름 1큰술
양념장
식초 1½큰술
고춧가루 · 맛술 · 통깨 1큰술씩
간장 · 설탕 · 까나리 액젓 2작은술씩
매실청 1작은술
마늘 ½작은술

1. 콩나물은 소금을 약간 넣고 아삭하게 데친다. 오래 데치면 질기고 식감이 떨어지므로 덜 익었다 싶을 때 건진다.
2. 데친 콩나물은 찬물에 바로 헹궈내 체에 밭쳐 물기를 완전히 뺀다.
3. 달래는 알뿌리 부분의 지저분한 부분은 손으로 떼어내고 깨끗이 다듬어 씻는다.
4. 달래는 먹기 좋은 크기로 썰고, 깻잎, 양파, 홍고추는 모두 채 썬다.
5. 분량의 양념으로 양념장을 만든다.
6. 손질한 콩나물과 달래 등 채소를 한데 담아 ⑤의 양념장으로 가볍게 버무린다.
7. 마지막에 참기름을 넣고 버무려 완성한다. 참기름을 처음부터 넣으면 코팅막이 생겨 간이 잘 배지 않는다.

1 ··· 2

3 ··· 4

5 ··· 6

7

애호박의 풍미를 더하는 들깨 양념
애호박들깨나물

양파 ½개
붉은 고추 · 청양고추 1개씩
애호박 1개
간장 1작은술
들깨 가루 1½큰술
다진 마늘 ½큰술
들기름 1큰술
소금 · 검은깨 적당량씩

1. 양파와 씨를 털어낸 붉은 고추는 채 썰고, 청양고추는 곱게 다진다.
2. 애호박은 씨 부분은 수저로 긁어내고 반달 모양으로 도톰하게 썰어 소금을 뿌려 5~6분간 재운 후 물기를 뺀다.
3. 달군 팬에 들기름을 두르고 ②의 애호박을 달달 볶는다.
4. 이어 채 썬 양파도 함께 볶는다. 이때 소금을 한 꼬집 정도 넣는다.
5. 양파가 투명해지면 다진 마늘, 붉은 고추, 청양고추를 넣고 어우러지게 볶는다.
6. ⑤에 간장 1작은술을 넣고 모자란 간은 소금으로 맞춘다.
7. ⑥에 들깨 가루를 듬뿍 넣고 고루 섞이도록 재빠르게 볶는다.
8. 마지막으로 검은깨도 듬뿍 뿌린다.

1…2
3…4
5…6
7…8

어릴 적 할머니 음식이 그리워지는 날
얼갈이배추청국장무침

얼갈이배추 300g
백만송이버섯 ½팩
홍고추 1개
양념장
된장 · 청국장 · 고춧가루 · 마요네즈 · 맛술 · 다진 대파 1큰술씩
다진 마늘 · 참기름 ½큰술씩
통깨 약간

1. 얼갈이 배추는 소금을 약간 넣은 끓는 물에 두꺼운 밑동부터 먼저 넣어 데친다.
2. 데친 배추는 찬물에 재빨리 헹궈 물기를 꼭 짜고 먹기 좋은 크기로 썬다.
3. 백만송이버섯은 소금을 약간 넣은 끓는 물에 살짝 데쳐 가볍게 지그시 눌러 물기를 뺀다.
4. 분량의 재료를 한데 섞어 양념장을 만든다. 마요네즈는 된장의 짠맛을 없애주고 부드러운 맛을 더한다.
5. ④의 양념장에 ②의 얼갈이배추를 넣고 가볍게 무친 다음 ③의 백만송이버섯도 넣어 함께 버무린다.
6. 마지막으로 채 썬 홍고추를 넣고 통깨도 솔솔 뿌린다.

1···2
3···4
5···6

손쉽게 뚝딱 만드는 영양 만점 한 끼 반찬
실파김무침

실파 한 줌
구운 김 6장
멸치(중간 크기) 반 줌
양념장
간장 1½큰술
맛술·멸치 육수 또는 물 1큰술씩
참기름 ½큰술
고춧가루·다진 마늘 1작은술씩
통깨 적당량

1. 실파는 다듬어 깨끗이 씻은 다음 소금을 약간 넣은 끓는 물에 뿌리부터 먼저 담가 전체가 잠기도록 넣고 살짝 데친 후 찬물에 재빨리 헹궈 가볍게 물기를 짠다.

2. 실파에는 미끈미끈하고 끈끈한 진액이 들어 있으므로 실파 끝부분을 자른 다음 칼등으로 긁어내듯 밀어 진액을 뺀다. 그래야 맛이 깔끔하다.

3. ②의 실파는 한입 크기로 썬다.

4. 김은 직화로 구워 가루가 날리지 않도록 위생 비닐에 넣고 가볍게 주물러 부순다.

5. 멸치는 머리와 내장을 손질한 다음 반으로 가르고, 프라이팬에 중불 이하로 서서히 볶아 비린내를 날린다.

6. 양념장은 분량의 재료를 한데 섞어 만든다.

7. ⑥의 양념장에 멸치를 먼저 넣고 가볍게 버무려 양념이 스미게 한다.

8. ⑦에 실파와 김도 넣어 고루 버무린 다음 통깨를 듬뿍 뿌린다.

1…2

3…4

5…6

7…8

한 가지로 재료로 서로 다른 맛을 즐긴다
세 가지 맛 시금치나물

포항초 시금치 ½단
기본 무침
맛술 ½큰술
소금 · 참기름 ·
다진 마늘 1작은술씩
통깨 약간

된장 무침
맛술 ½큰술
된장 · 들기름 · 다진 마늘 ·
마요네즈 1작은술씩
통깨 약간

초고추장 무침
고추장 1½큰술
맛술 · 식초 1큰술씩
설탕 · 간장 · 양파즙 ·
다진 마늘 · 참기름 1작은술씩
통깨 약간

1. 시금치는 깨끗이 다듬어 씻어 두꺼운 뿌리 부분은 2~3등분으로 나눠 먹기 좋게 손질한다.
2. ①의 시금치는 팔팔 끓는 물에 소금을 조금 넣고 새파랗게 데친 후 찬물에 헹궈 내 물기를 꼭 짠다. 무치기 좋게 3등분한다.
3. 기본 무침은 분량의 재료를 모두 넣고 조물조물 무친다.
4. 된장 무침은 분량의 재료를 모두 넣고 조물조물 무친다.
5. 초고추장 무침은 분량의 재료를 모두 넣고 물기가 약간 있게 조물조물 무친다. 식초를 미리 넣으면 색이 누렇게 변하므로 상에 올리기 직전에 무쳐 바로 먹는다.

1···2

3···4

5

초보 주부도 쉽게! 쫄깃한 식감까지 맛있다
무팽이버섯나물

무(소금 1작은술) ⅓개
팽이버섯 1봉지
들기름 1큰술
다진 마늘·생강즙 약간씩
멸치 육수 또는 생수 ½컵
소금 ½작은술
검은깨 적당량

1. 무는 채 썰어 약간의 소금을 뿌려 살짝 절인다.
2. 팽이버섯은 밑동을 제거하고 가닥가닥 떼어 다듬는다.
3. 무에서 빠져 나온 수분은 따라버리고 달군 냄비에 들기름을 두르고 무와 다진 마늘을 넣어 달달 볶는다.
4. ③에 멸치 육수나 생수를 반 컵 정도 붓는다.
5. 무 특유의 지린 맛을 없애기 위해 생강즙을 약간 넣는다.
6. ⑤는 뚜껑을 덮고 불을 낮춰 무가 완전히 익을 때까지 끓인다.
7. 무가 말갛게 익으면 소금으로 간을 맞추고 ②의 팽이버섯을 넣어 무와 잘 섞이도록 고루 뒤적인다.
8. ⑦은 뚜껑을 덮고 약한 불에서 끓여 한김 올라오면 불을 바로 끄고 잠시 뜸을 들인다. 상에 내기 직전 검은깨를 솔솔 뿌린다.

1⋯2
3⋯4
5⋯6
7⋯8

김치보다 맛있게 아삭한 별미 반찬
열무들깨볶음

데친 열무 250g
생표고버섯 3개
들깨 가루 1½큰술
간장 1큰술
표고 가루·다진 마늘
1작은술씩
들기름·다진 파 1큰술씩
청·홍고추 1개씩
맛술 1큰술
통깨·검은깨 적당량씩
소금 약간

1. 손질한 열무는 팔팔 끓는 물에 소금을 약간 넣고 두꺼운 줄기 부분만 먼저 담근다. 열까지 센 다음 전체를 담가 8~10분 정도 부드럽게 데쳐낸다.
2. 데친 열무는 찬물에 바로 헹궈 물기를 짠 다음 먹기 좋게 3cm 길이로 썬다. 표고버섯은 열무 굵기로 채 썰어 준비한다.
3. 열무와 표고버섯은 볼에 담고 들깨 가루, 간장, 표고 가루, 다진 마늘을 넣어 버무린다. 살짝 간이 뱄을 때 들기름을 조금 넣어 한 번 더 조물조물 무친다.
4. 팬을 달궈 들기름을 두르고 ③의 재료를 센 불로 2~3분 정도 재빨리 볶는다.
5. 이어 다진 파와 청·홍고추, 맛술을 넣고 한 번 뒤적여 고루 볶은 다음 불을 끈다.
6. 통깨와 검은깨를 듬뿍 넣고 버무려 마무리한다.

1⋯2
3⋯4
5⋯6

토속 음식이 생각나는 날, 할머니표 그 맛!
시래기찜

시래기 · 우거지 2컵씩
생표고버섯 4개
멸치 육수 3컵
청 · 홍고추 1개씩
들깨 가루 2큰술
들기름 · 국간장 약간씩

양념
들기름 2큰술
된장 1½큰술
고춧가루 · 다진 마늘 ·
쌀겨가루 1큰술씩
표고버섯가루 ·
새우가루 ½큰술씩

1. 시래기는 푹 삶아 질긴 섬유질을 벗기고 우거지와 함께 먹기 좋은 크기로 썬다. 표고버섯은 채 썬다.
2. ①의 시래기와 우거지, 표고버섯은 들기름, 된장, 고춧가루 등의 양념을 넣고 조물조물 무쳐 잠시 둔다.
3. 달군 냄비에 들기름을 두르고 미리 재워둔 ②를 넣어 달달 볶는다.
4. 시래기가 살짝 숨이 죽으면 멸치 육수를 자박하게 붓고 센 불에서 한번 우르르 끓어오르면 불을 약하게 낮춰 뭉근히 끓인다.
5. 시래기가 부드럽게 익고 육수가 자작하게 줄어들면 다진 고추와 들깨 가루를 넣고 한소끔 더 끓인 다음 불을 끈다. 부족한 간은 국간장으로 맞춘다.

1···2

3···4

5

갖은 채소를 넣어 더욱 건강한 맛
어묵채소무침

구운 종합 어묵 200g
미니 새송이버섯 12개
양파 ½개
미니 파프리카 2개
미나리 한 줌
깻잎 5~6장
양념장
고추장 2큰
식초 1½큰술
고춧가루 · 간장 · 매실청 ·
아가베 시럽 · 맛술 1큰술씩
참기름 ½큰술
통깨 약간

1. 분량의 양념장은 미리 만들어 잠시 숙성시킨다.
2. 어묵은 끓는 물에 살짝 데친다.
3. 미니 새송이버섯은 소금을 약간 넣은 끓는 물에 살짝 데쳐 손으로 가볍게 물기를 짠다.
4. 버섯은 아주 작은 것은 그대로 사용하고 큼직한 것은 반으로 자르고, 어묵, 양파, 파프리카는 적당한 크기로 먹기 좋게 썬다.
5. 미나리는 줄기 부분만 5~6cm 길이로 썰고 깻잎은 채 썬다.
6. 어묵을 제외한 준비된 재료는 큰 볼에 담아 양념장의 반을 덜어 가볍게 버무린다.
7. ⑥에 나머지 양념장과 어묵을 넣고 고루 섞이도록 가볍게 버무린 다음 통깨를 뿌린다.

1···2

3···4

5···6

7

값싼 재료의 우아한 변신, 돌돌 말아 더 맛있다!
가지양념구이

가지 3개
찹쌀가루 ·
전분가루 1큰술씩
소금 · 식용유 적당량씩
홍고추 · 실파 약간씩
비닐봉지 1장
양념 소스
양파 ¼개
대파 ½대
청양고추 1개
고추장 1½큰술
맛술 · 요리당 · 물 1큰술씩
다진 마늘 · 들기름 ½큰술씩

1. 양파와 대파, 청양고추는 잘게 다져 분량의 재료대로 양념 소스를 만들어 잠시 숙성시킨다.
2. 가지는 1~1.2cm 두께로 길쭉하게 썬 뒤 소금을 약간 뿌려 물기가 촉촉이 배어 나오도록 둔다.
3. 비닐봉지에 가지와 찹쌀가루, 전분가루를 담고 입구를 막은 뒤 흔들어 옷을 입힌다.
4. 달군 팬에 기름을 두르고 ③의 가지를 앞뒤로 뒤집어가며 노릇노릇하게 초벌구이 한다. 다시 한 번 구워야 하므로 처음엔 약간 덜 익은 듯 굽는다. 이렇게 해야 물이 생겨 질척해지는 것을 막을 수 있다.
5. ④의 가지에 준비해 둔 양념 소스를 발라 중불에서 앞뒤로 뒤집어가며 살짝 굽는다. 센 불에서 구우면 양념이 쉽게 타버린다.
6. ⑤의 가지는 돌돌 말아 그릇에 담는다. 찹쌀가루가 묻어 있어 따끈할 때 바로 말면 풀을 붙인 것처럼 잘 붙는다. 홍고추와 실파를 송송 썰어 고명으로 얹는다.

1 ··· 2

3 ··· 4

5 ··· 6

달달한 호박을 매콤하게 볶아 먹는 특제 레시피

단호박고추장볶음

단호박 ⅓통
양파 ½개
청양고추 1개
식용유 · 통깨 적당량씩
양념장
고추장 · 맛술 · 간장 ·
요리당 · 물 1큰술씩
고춧가루 ½큰술
다진 마늘 1작은술
참기름 · 소금 적당량씩

1. 양념장은 분량의 재료를 섞어 만든 뒤 잠시 숙성시킨다.
2. 단호박은 깨끗이 씻어 속을 파낸 후 납작하게 썰고 양파는 채 썰어 준비한다. 청양고추는 송송 썬다.
3. 달군 팬에 식용유를 두르고 단호박을 중불로 볶아 반 정도 익으면 채 썬 양파를 넣어 함께 볶는다.
4. 양파가 투명하게 익으면 ①의 양념장을 넣고 고루 버무려가며 재빨리 볶는다.
5. 매콤한 맛을 즐기려면 청양고추를 넣어 함께 볶는다.
6. 마지막으로 통깨를 듬뿍 뿌린다.

1…2
3…4
5…6

부서지지 않고 깔끔한 감자볶음을 만드는 비법
감자볶음

감자(큰 것) 2개
양파 ½개
풋고추 또는 청양고추 1개
식용유·소금·크러쉬드 페퍼 약간씩

1. 감자는 굵지 않게 채 썬 다음 소금물에 5~7분 담가 전분기를 뺀다. 그래야 팬에 눌어붙지 않고 부스러지지도 않는다. 단, 수용성 비타민이 빠져나갈 수 있으니 담가두는 시간을 지킨다.
2. ①의 감자는 체에 밭치거나 키친타월로 물기를 제거한다.
3. 양파와 고추는 채 썬다.
4. 달군 팬에 식용유를 두르고 ②의 감자를 볶는다. 기호에 따라 편으로 썬 마늘을 넣어 향을 낸 다음 볶아도 좋다.
5. 기름이 고루 묻을 수 있도록 중불에서 잘 저어가며 볶다가 뚜껑을 덮어 약한 불로 감자가 속까지 익도록 잠시 둔다.
6. 감자가 거의 익으면 양파와 고추를 넣고 중불 이상에서 타지 않게 함께 볶는다.
7. 좀 더 칼칼하고 매운맛이 나는 감자볶음을 원한다면 크러쉬드 페퍼를 넣어 살짝 더 볶는다.

1…2
3…4
5…6
7

볶아서 더 고소한 영양 만점 밑반찬
볶은콩자반

백태 (흰콩, 메주콩) 2컵
통깨 · 실파 약간씩
양념장
간장 3큰술
맛술 · 다진 파 2큰술씩
국간장 · 고춧가루
1½큰술씩
유기농 황설탕 · 올리고당 ·
다진 마늘 · 통깨 · 참기름
1큰술씩
다시마 육수 ⅔컵

1. 콩은 티를 골라내고 깨끗이 씻은 후 체에 밭쳐 물기를 뺀다.
2. 바짝 마른 콩은 물에 씻으면 약간 불어나면서 살짝 쪼글거린다. 물기를 완전히 말려야 볶기 쉬우므로 체에 밭쳐 물기를 빼주거나 채반 등에 펼쳐 물기를 말린다.
3. 분량의 재료를 한데 섞어 양념장을 만들어 숙성시킨다. 양념장은 국물이 많다 싶을 정도로 넉넉하게 만든다.
4. ②의 콩이 완전히 마르면 기름을 두르지 않은 팬에 약한 불로 물기를 말리듯 서서히 콩을 넣는다. 콩이 볶아지면서 콩알마다 껍질이 터져 실금이 가면 다 익은 것이다.
5. ④의 콩이 뜨거울 때 바로 ③의 양념장으로 버무린다. 그래야 양념이 순식간에 스며든다. 흥건할 정도로 많다 싶은 양념장이 1시간 정도만 지나면 콩 속으로 스며든다.
6. 마지막으로 통깨를 뿌린 후 송송 썬 실파를 얹는다.

155

버터 한 숟가락의 마법, 풍미 깊은 반찬을 즐기려면
알감자버터조림

알감자 650g
소금 약간
통깨 적당량
조림장
물 1½컵
간장 6큰술
요리당 2큰술
버터 · 맛술 · 설탕 1큰술씩

1. 알감자는 수세미 등으로 문질러 깨끗이 씻은 다음 껍질째 그대로 조리한다.
2. ①의 감자는 냄비에 물을 자작하게 붓고 소금을 조금 넣어 반 정도 익으면 건진다.
3. 냄비에 ②의 감자를 담고 요리당과 버터를 제외한 분량의 조림장 재료를 모두 넣고 처음엔 센 불로 끓이다 조림장이 끓어오르면 중불로 줄여 조린다.
4. 조림장이 3분의 1정도로 줄어들면 요리당을 넣어 센 불에서 조린다. 그래야 감자의 윤기를 살릴 수 있다.
5. ④에 버터를 넣고 센 불로 한소끔 끓인 다음 불에서 내린다. 버터의 고소한 풍미가 감자에 고스란히 배어 감자 맛이 깊고 부드러워진다.
6. 마지막으로 통깨를 듬뿍 뿌린다.

1…2
3…4
5…6

영양의 보고 전복의 식감을 살린 별미 반찬
전복조림

전복(중간 크기 청주 2큰술) 3마리
불린 표고버섯 3장
마늘 4통
홍고추 1개
은행 12알
깐 밤 5개
녹말 1큰술
조림장
간장 2큰술
설탕 · 매실액 · 청주 · 맛술 1큰술씩
생강즙 약간
전복 데친 물 ⅔컵
참기름 ½큰술

1. 전복은 솔로 깨끗이 문질러 씻은 뒤 빙 둘러가며 살을 발라내고 내장은 제거한다.
2. ①의 전복은 끓는 물에 청주를 조금 넣고 가볍게 데친 다음 도톰하게 썬다. 해물류는 오래 익히면 질겨지기 쉬우므로 살짝 데친다. 전복 데친 물은 따로 받아둔다.
3. 표고버섯은 전복과 비슷한 크기로 썰고, 고추는 송송 썰고, 통마늘은 반으로 나눈다.
4. 은행은 달군 팬에 식용유를 약간 두르고 약불에서 볶은 다음 키친타월에 비벼 껍질을 벗긴다.
5. 물과 녹말은 1 : 1 비율로 미리 섞어 녹말물을 만든다.
6. 조림장은 분량의 재료를 한데 섞어 표고버섯과 밤, 마늘을 먼저 넣고 조린다.
7. ⑥의 밤이 익고 표고버섯이 어느 정도 조려지면 데친 전복을 넣고 약불에서 뚜껑을 연 채로 조린다.
8. ⑦의 전복이 완전히 익고 간이 배어 조림장이 약간 남은 상태가 되면 송송 썬 고추를 넣고 고루 섞는다.
9. ⑧에 ⑤의 녹말물을 넣고 고루 버무려 색을 내고 윤기를 더한다. 분량의 녹말물은 한꺼번에 다 넣지 말고 조금씩 넣어 조절한다.
10. ⑨는 불에서 내린 후 참기름을 뿌려 향을 더하고, 은행을 넣어 고루 섞는다.

1...2

3...4

5...6

7...8

9...10

매콤달콤한 맛! 어른 아이 모두 좋아하는 인기 반찬
오징어양념구이

오징어(큰 것) 1마리
통깨 · 실파 약간씩
양념장
고춧가루 1½큰술
고추장 · 청주 · 물엿 ·
다진 파 1큰술씩
다진 마늘 · 참기름 ½큰술씩
간장 1작은술
생강즙 약간
후춧가루 · 통깨 약간씩

1. 오징어는 내장을 제거하고 껍질을 벗긴다. 세로 방향으로 3등분한 뒤 1~1.5cm 폭으로 썬다.
2. ①의 오징어 조각은 오그라들지 않고 양념이 잘 밸 수 있도록 한쪽 방향으로 칼집을 넣는다.
3. 분량의 재료를 한데 섞어 양념장을 만든다.
4. ②의 오징어는 ③의 양념장으로 버무려 간이 배도록 잠시 재운다.
5. ④의 양념 오징어는 달군 팬에 식용유를 두르고 앞뒤로 뒤집어가며 굽는다. 오래 익히면 질겨지므로 재빨리 굽는다.
6. 구워낸 오징어는 가지런히 담아 통깨와 송송 썬 실파를 뿌려 내거나 굽지 않고 밥과 함께 볶아 먹어도 맛있다.

1…2

3…4

5…6

폭신폭신 더덕 같은 식감이 살아 있어 좋다
북어채쪽파무침

1 ‥ 2
3 ‥ 4
5 ‥ 6

북어 채 120g
쪽파 10뿌리
양파(작은 것) ½개
청양고추 1개
청주 2큰술
참기름 ½큰술
통깨 약간
양념장
고추장 2큰술
고춧가루 1큰술
식초 · 올리고당 · 생강술 ·
매실청 1큰술씩
다진 마늘 1큰술
간장 · 참기름 ½큰술씩
설탕 1작은술
소금 약간
후춧가루 약간

1. 북어 채는 5cm 길이로 손질하고, 쪽파는 4cm 길이로 썰고, 양파는 채 썰고, 청양 고추는 대충 다진다.
2. 북어 채는 찬물에 가볍게 흔들어 씻어 물기를 꼭 짠 다음 청주 2큰술과 참기름 약간을 넣고 버무려 10분간 재우면 비린내를 잡을 수 있다.
3. 재운 북어 채는 달군 팬에 식용유를 두르고 물기를 날리듯 부스러지지 않게 가볍게 볶는다. 그래야 도톰하고 양념도 더 잘 밴다. 볶은 북어 채는 잠시 접시에 덜어 둔다.
4. 양념장은 분량의 양념을 모두 넣고 중불로 가열해 바글바글 끓으면 바로 불을 끄고 한김 식힌다.
5. ④에 볶은 북어 채, 쪽파, 양파, 청양고추 등 준비한 재료를 모두 넣고 가볍게 버무려 양념장을 골고루 묻힌다.
6. 마지막으로 통깨와 참기름을 넣어 고소하게 마무리한다.

매콤 짭조름한 맛에 밥 한 그릇 뚝딱!
삼치강정

삼치(손질 한 것) 1마리
청주 2큰술
레몬즙 · 후춧가루 약간씩
녹말가루 · 찹쌀가루
1큰술씩
식용유 · 파슬리 가루 ·
통깨 · 실파 약간씩
비닐봉지 1장
양념장
물 3큰술
고추장 · 맛술 2큰술씩
간장 · 매실청 · 물엿 ·
다진 마늘 1큰술씩
후춧가루 · 생강 약간씩

1. 양념장은 분량의 재료를 모두 섞어 만든 뒤 잠시 숙성시킨다.
2. 삼치는 먹기 좋게 4~5cm 길이로 토막 내고 청주와 레몬즙, 후춧가루를 뿌려 20분 정도 재운다.
3. 비닐봉지에 분량의 녹말가루와 찹쌀가루를 넣고 재워둔 삼치를 넣고 흔들어 옷을 입힌다.
4. 달군 팬에 식용유를 두르고 삼치를 노릇노릇하게 굽는다.
5. 양념장을 그릇에 붓고 센 불로 가열해 거품이 보글보글 끓어오르면 ④의 구워 낸 삼치를 넣고 앞뒤로 뒤집어가며 양념장을 재빨리 묻힌다.
6. 마지막으로 파슬리 가루와 통깨, 송송 썬 실파를 올려 장식한다.

1···2

3···4

5···6

어묵 반 달걀 반, 푸짐하고 든든한 별미
어묵달걀찜

1···2

3···4

5···6

어묵 1장, 양파 ¼개
양송이버섯 2개
당근 1토막
홍고추 1개
실파 약간
달걀 4개
다시마 육수 1컵
맛술 1큰술
설탕 한 꼬집
소금 약간

1. 어묵, 양파, 양송이버섯, 당근, 홍고추, 실파는 모두 잘게 썬다.
2. 달걀은 멍울 없이 곱게 풀어 체에 한번 걸러 알끈을 없앤다.
3. 달걀 물에 다시마 육수, 맛술, ①의 재료를 모두 넣어 고루 섞는다. 간은 설탕과 소금으로 한다.
4. ③을 준비한 그릇에 반 정도만 담아 한김 올린 찜기에 쪄낸다.
5. 달걀이 익으면 나머지를 부어 다시 한 번 찐다.
6. 꼬치로 찔러보아 달걀 물이 묻어 나오지 않으면 완성.

있는 재료로 뚝딱 만들어 반찬과 안주를 동시에!
참치김치볶음달걀말이

배추김치 ¼포기
참치(통조림) 1캔
설탕 1작은 술
달걀 3개
맛술 1큰술
들기름 · 식용유 약간씩

1. 김치는 잘게 썰고 참치는 기름을 뺀다.
2. ①은 달군 팬에 들기름을 두르고 분량의 설탕과 함께 넣고 달달 볶는다.
3. 달걀은 맛술을 넣어 곱게 푼 뒤 알끈을 제거하고 기름을 둘러 키친타월로 깨끗이 닦아낸 달군 팬에 붓는다. 약한 불로 서서히 익혀야 달걀말이 모양이 예쁘게 잡힌다.
4. 달걀이 익기 시작하면 ②의 볶은 김치와 참치를 올리고 끝 부분부터 조금씩 돌돌 만다.

1···2

3···4

간단하고 쫄깃쫄깃한 맛, 아이디어 레시피
절편달걀말이

달걀 3개
우유 1큰술
설탕 · 소금 약간씩
쑥 절편 1줄
식용유 · 허니 머스터드 ·
토마토케첩 약간씩

1. 달걀은 우유 1큰술을 넣고 곱게 풀어서 설탕과 소금을 넣어 간한다. 설탕은 달걀 비린내를 잡아주는 역할을 한다.
2. 달군 팬에 기름을 두르고 키친타월로 닦아낸 다음 달걀 물을 붓는다. 달걀이 약간 익으면 절편을 올린다.
3. 아랫부분부터 조금씩 말아가며 모양을 잡고, 달걀 물을 반복해서 부으면서 통통한 달걀말이를 만든다.
4. 적당한 크기로 썬 다음 허니 머스터드나 토마토케첩 등의 소스를 뿌린다.

고기 곁들이 반찬의 종결자, 깔끔한 뒷맛이 최고!
오이와사비무침

오이 2개
소금 적당량
양념
식초 2큰술
유기농 황설탕 1큰술
고추냉이 2작은술
간장·소금 1작은술씩

1. 오이는 소금으로 문질러 깨끗이 씻은 다음 반달썰기를 하거나 동글동글하게 썬다.
2. ①의 오이에 소금을 뿌려 20여 분가량 절인 다음 물기를 짠다.
3. 오이에 분량의 양념을 모두 넣어 고루 버무린다.

1···2

3

만들어 바로 먹는 계절 별미
단감피클

단감 5개
피클액
물 3컵
설탕 · 식초 1½컵씩
소금 2½큰술
피클링 스파이스 2큰술
통후추 10알
월계수 잎 2~3장

1. 단감은 깨끗이 씻어 껍질을 깎고 적당한 크기로 납작하게 썬다. 유기농 단감이라면 껍질째 그대로 사용해도 좋다.
2. 단감을 유리병에 꽉 차도록 차곡차곡 빼곡히 담는다.
3. 분량의 피클액 재료는 한데 섞은 뒤 팔팔 끓여 새콤달콤한 피클액을 만든다.
4. 끓인 피클액은 뜨거운 상태 그대로 단감이 담긴 병에 재료가 잠길 정도로 붓는다. 완전히 식힌 다음 통후추와 월계수 잎을 넣고 뚜껑을 꼭 닫아 냉장고에 넣어 2~3시간 지난 뒤 시원하게 먹는다.

1···2

3···4

4

바지락만두수제비
김치수제비
뽕잎수제비
수박오디들깨수제비
검은콩국수
가지오이냉소면
참외미역냉국 & 냉국수
굴미역비빔국수
팽이버섯비빔국수
콩나물비빔국수
어묵비빔국수
복숭아비빔국수
참치묵은지비빔면
콩나물라면냉채
냉이된장라면
굴짬뽕
홍합칼국수
감자들깨칼국수

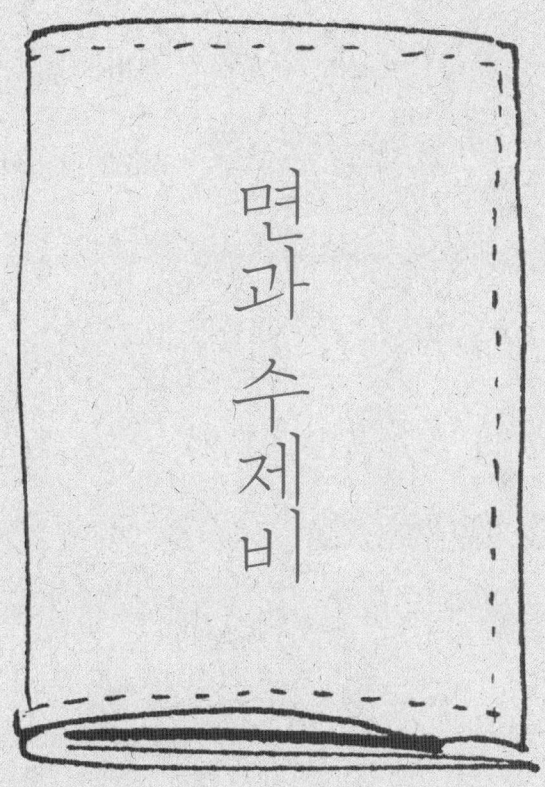

면과 수제비

온 식구가 모인 주말, 입맛 없고, 출출할 때 생각나는 면 요리와 수제비.
소면과 라면, 밀가루 반죽과 냉장고 속 남은 채소로 푸짐한 별미를 차려낸다.
특별한 레시피를 원한다면 해산물을 추가하거나
오디즙이나 뽕잎가루 등으로 밀가루 반죽하는 것도 방법이다.

깊은 국물 맛과 구수한 맛을 동시에!
감자들깨칼국수

감자(중간 크기) 2개
무 1토막
애호박 ½개
양파 1½개
청양고추 2개
홍고추 1개
생표고버섯 2개
멸치 새우 육수 6컵
칼국수 생면 1.5인분
들깨 가루 2~3큰술
소금 · 국간장 약간씩

1. 감자는 굵게 채 썬 다음 물에 잠시 담가 전분기를 뺀다.
2. 무, 애호박, 양파, 청양고추, 홍고추, 표고버섯은 모두 굵게 채 썬다.
3. 냄비에 감자와 무, 표고버섯을 넣고 멸치 새우 육수를 넉넉히 붓는다.
4. 감자와 무가 살캉거리게 반 정도 익으면 칼국수 면을 넣고 서로 붙지 않게 저어가며 끓인다.
5. 칼국수가 익어 가장자리가 투명해지면 애호박과 양파를 넣고 함께 끓인다.
6. ⑤에 들깨 가루를 풀고 국간장과 소금으로 간을 맞춘다.
7. 마지막으로 고추를 넣어 한소끔 끓인 다음 불을 끈다.

1···2

3···4

5···6

7

시원한 홍합 국물이 어우러진 칼칼한 맛
홍합칼국수

홍합(청주 2큰술) 1망
무 1토막
배춧잎 3~4장
청양고추 · 홍고추 1개씩
대파 1대
소금 약간
홍합 육수 ·
멸치 다시마 육수 2컵씩
참치 액젓 1½큰술
칼국수 생면 1인분
청주 · 소금 약간씩

1. 홍합은 깨끗이 손질한 다음 청주를 넣고 센 불에 끓여 입이 벌어지면 국물과 홍합을 따로 보관한다.
2. 무는 굵직하게 채 썰고, 배춧잎은 큼직하게 썰고, 고추와 대파는 어슷하게 썬다.
3. 냄비에 홍합 육수와 멸치 다시마 육수를 1 : 1로 섞어 넣고 무와 참치 액젓을 넣어 끓인다.
4. 무가 말갛게 익으면 칼국수 생면을 넣는다.
5. ④에 배춧잎을 넣고 함께 끓인다.
6. 칼국수가 익으면 미리 건져둔 홍합과 고추, 대파를 넣고 고루 어우러지게 한소끔 끓인 다음 소금으로 간을 맞춘다.

쿨캣 Says… 홍합은 처음부터 넣고 끓이면 질겨지고 오그라들어 맛이 떨어져요.
미리 살짝 삶은 다음 국물과 홍합을 분리해 나중에 함께 섞으면 더 맛있게 먹을 수 있답니다.

1⋯2
3⋯4
5⋯6

매콤하고 뽀얀 국물에 해산물이 한가득!
굴 짬뽕

굴 1봉지
오징어 1마리
마른 표고버섯 2개
대파 흰 부분 1대
청경채 4~5장
마늘 3~4쪽
마른 고추 2개
표고버섯 불린 물 4~5컵
치킨스톡 1개
굴 소스 적당량
칼국수 생면 2인분
홍고추 1개
참기름 약간

1. 굴은 소금물에 가볍게 흔들어 씻어 체에 밭쳐 물기를 뺀다.
2. 오징어는 껍질을 벗긴 후 칼집을 넣어 썰고, 표고버섯은 물에 불려 도톰하게 모양을 살려 썬다. 대파는 굵게 채 썰고 청경채는 큰 것은 반으로 나누고 마늘은 채 썬다. 표고버섯 불린 물은 따로 담아둔다.
3. 속이 깊은 팬을 달궈 식용유를 넉넉히 두르고 대파와 마늘을 볶아 향을 낸다.
4. ③에 마른 고추를 넣고 함께 볶아 매운맛을 더한다. 마른 고추는 뽀얀 국물에 칼칼한 맛을 살려준다.
5. ④에 손질한 표고버섯과 오징어를 차례로 볶는다.
6. ⑤에 표고버섯 불린 물을 붓고 치킨스톡과 굴 소스를 넣어 간한다.
7. ⑥의 육수가 팔팔 끓으면 청경채를 넣고 청경채가 살짝 숨이 죽으면 굴을 넣는다.
8. 이때 한쪽에서 생면을 동시에 삶는다. 팔팔 끓는 물에 칼국수 생면을 삶은 다음 재빨리 건져 찬물에 가볍게 헹궈 물기를 뺀다. 국물과 함께 다시 삶아야 하므로 완전히 익히지 않는다.
9. 굴이 살짝 익어 통통해지면 송송 썬 홍고추와 국수를 넣고 한소끔 끓인 다음 참기름을 조금 넣어 마무리한다.

1…2 3…4 5…6 7…8 9

늘 먹는 라면을 건강하게 즐기는 헬시 레시피
냉이된장라면

냉이 두 줌
마른 표고버섯 3개
대파 1대
홍고추 1개
무 · 다진 마늘 약간씩
된장 ⅔큰술
라면 1봉지

1. 냉이는 손질한 후 깨끗이 씻어 건지고, 표고버섯은 미리 물에 담가 1시간가량 불린 후 채썬다. 대파와 홍고추도 채 썬다. 표고버섯 불린 물은 따로 담아둔다.
2. 표고버섯 불린 물에 반달썰기 한 무, 표고버섯, 라면의 건조 후레이크를 넣고 끓인다.
3. 무와 표고버섯이 익으면 분량의 된장을 풀고 다진 마늘을 넣는다. 된장의 염도는 각 가정마다 차이가 있으므로 적당히 가감한다.
4. ③에 라면 사리와 냉이를 넣고 함께 끓인다.
5. 라면이 어느 정도 익으면 대파, 홍고추를 넣어 좀 더 끓인 다음 불을 끈다. 기호에 따라 고춧가루를 약간 넣어도 맛있다.

1…2

3…4

5

자투리 재료와 라면의 근사한 변신
콩나물라면냉채

콩나물 200g
배·오이·양파 ½개씩
미니 파프리카
(빨강·노랑·주황·초록) 1개씩
맛살 2줄, 샌드위치용 햄 5장
라면 1봉지
설탕 약간
냉채 소스
식초 4큰술
다진 마늘 1½큰술
아가베 시럽·설탕·레몬즙 1큰술씩
연겨자·허니 머스터드·소금 1작은술씩
검은깨 약간

1. 분량의 냉채 소스 재료는 미리 섞어서 냉장고에 차게 보관한다.
2. 콩나물은 머리와 꼬리를 떼고 끓는 물에 아삭하게 데쳐 찬물에 헹군 다음 체에 밭쳐 물기를 뺀다.
3. 배는 채 썰어 갈변하지 않도록 설탕을 약간 뿌려 잠시 재운다.
4. 오이, 양파, 파프리카는 모두 비슷한 길이로 채 썬다.
5. 맛살은 손으로 먹기 좋게 결을 살려 찢고 햄은 끓는 물에 살짝 담갔다 건져 채 썬다.
6. 라면은 삶아서 찬물에 헹군 다음 체에 밭쳐 물기를 뺀다.
7. 준비한 부재료와 면을 커다란 볼에 옮겨 담고 ①의 냉채 소스를 부어 가볍게 버무린다.

1···2
3···4
5···6
7

'골빔면'의 아성에 도전하는 아이디어 레시피
참치묵은지비빔면

참치(통조림) 1캔
묵은지 ¼포기
오이 · 양파 ½개씩
깻잎 4장
청양고추 2개
들기름 · 설탕 약간씩
비빔면 1봉지
초고추장 · 베이비 채소 적당량씩

1. 참치 통조림은 미리 기름기를 빼서 준비하고, 묵은지는 양념을 씻어 잠시 물에 담가 짠맛을 살짝 뺀 다음 물기를 꼭 짜 잘게 썬다.
2. 오이, 양파, 깻잎은 채 썰고, 청양고추는 곱게 다진다.
3. 청양고추는 달군 팬에 들기름을 약간 두르고 묵은지와 함께 볶는다. 묵은지가 아주 신맛이 나면 설탕을 한 꼬집 정도 넣는다.
4. 묵은지가 살캉거리게 익으면 기름기를 뺀 참치를 넣고 달달 볶아 차게 식힌다.
5. 비빔면을 삶은 후 찬물에 재빨리 헹궈 물기를 뺀다.
6. 양념장은 비빔면 안에 있는 양념 소스를 그대로 사용하거나 초고추장과 반반씩 섞어 사용한다.
7. 접시 맨 아래에 채 썬 오이와 양파, 깻잎을 깐다.
8. 채소 위에 면을 소복이 올린다.
9. 면 위에 묵은지 참치볶음을 듬뿍 올리고 ⑥의 양념장을 끼얹는다. 고명으로 베이비 채소를 올린다.

1…2

3…4

5…6

7…8

9

185

여름에만 먹을 수 있는 특별한 맛
복숭아비빔국수

1···2

3···4

오이 · 복숭아 ½개씩
국수(2인분) 200g
소금 · 설탕 · 달걀지단
약간씩
양념장
복숭아 ½개
양파 ¼개
고추장 3큰술
매실청 2큰술
고춧가루 · 다진 마늘 ·
맛술 · 식초 1큰술씩
설탕 · 간장 1작은술씩
참기름 약간

1. 오이는 반달 모양으로 썰어서 소금에 살짝 절인 다음 물기를 꼭 짠다.
2. 복숭아는 오이와 비슷한 모양으로 썰어 소금, 설탕을 약간 넣어 절인 후 물기를 짠다.
3. 양념장을 만들 때 복숭아와 양파는 함께 갈아 분량의 다른 재료와 한데 섞는다.
4. 국수는 삶은 후 찬물에 재빨리 헹궈 사리를 짓는다.
5. 돌돌 말아 놓은 국수 위에 양념장을 얹고 준비해 놓은 오이, 복숭아, 달걀지단을 올린다.

쿨캣 Says··· 쫄깃 탱글 맛있는 국수 삶는 법

01 물이 팔팔 끓으면 국수를 부채꼴로 펼쳐 넣고 센 불로 가열, 우르르 끓어오르면 찬물 한 컵을 부어요. 다시 한 번 끓어오르면 또 찬물 한 컵을 붓습니다. 다시 끓어오르면 불을 끕니다. 이때 국수를 끓이는 중간 중간, 국수를 들어 올려 찬 공기와 닿게 하면 면발이 좀 더 쫄깃해져요.

02 국수가 붇지 않고 쫄깃한 상태를 유지하게 하려면 국수를 헹굴 때 끊어지지 않을 정도로 약간 힘주어 비벼 씻어요. 또한 국수 면발에 묻은 전분기는 말끔히 씻어내야 국수가 빨리 붇지 않는답니다.

색다르게 즐기는 특제 어묵 레시피
어묵비빔국수

돔 어묵 3장
양파 ½개
달걀 1개
깻잎 10장
청·홍고추 1개씩
당근 1토막
소면(1인분) 100g
양념장
식초 3큰술
고추장·매실청·레몬즙 2큰술씩
고춧가루·설탕·맛술·양파즙 1큰술씩
간장·다진 마늘 ½큰술씩
참기름·통깨 적당량씩

1. 어묵은 팔팔 끓는 물에 살짝 데쳐 기름기 및 유해한 첨가물을 제거한 뒤 먹기 좋은 크기로 굵게 채 썬다.
2. 양파는 채 썰어 소금에 살짝 절인다.
3. 달걀은 지단을 부쳐 채 썰고 깻잎도 채 썬다.
4. 청·홍고추와 당근은 채 썰어 준비한 ①~③의 재료와 한데 섞는다.
5. ④에 분량의 양념장 재료를 모두 넣어 고루 버무린 다음 냉장고에서 1시간 정도 숙성시킨다.
6. 소면은 쫄깃하게 삶아 찬물에 재빨리 헹궈 사리를 짓는다.
7. 소면은 무치기 직전 ⑤를 꺼내 기호에 따라 참기름과 통깨를 넣고 버무려 내거나 사리 지어 양념 무침과 함께 낸다.

1···2

3···4

5···6

7

2천원의 행복, 경제적인 별미 국수
콩나물비빔국수

콩나물 200g
달걀 1개
어묵 1장
오이 ½개
양파 ¼개
깻잎 4~5장
중면 (1인분) 100g

비빔장
식초 4큰술
고추장 · 고춧가루 ·
설탕 · 매실청 · 간장 ·
맛술 1큰술씩
다진 마늘 ½큰술
참기름 · 통깨 약간씩

1. 분량의 양념을 한데 섞어 비빔장을 만든 다음 1시간 정도 숙성시킨다.
2. 콩나물은 지저분한 꼬리 부분을 떼어내고 끓는 물에 소금을 약간 넣고 데친 뒤 찬물에 재빨리 헹궈 식힌다.
3. 달걀은 완숙으로 삶아 준비한다.
4. 어묵은 끓는 물에 살짝 데쳐 가늘게 채 썰고, 오이, 양파, 깻잎 등도 모두 채 썬다. 깻잎 대신 쌈 채소나 양배추, 베이비 채소 등을 이용해도 좋다.
5. 국수는 삶아서 비빔장의 일부를 덜어 넣고 먼저 버무린 다음 데친 어묵도 함께 넣어 버무린다.
6. 국수는 돌돌 말아 그릇에 소담하게 담은 다음 삶은 달걀과 콩나물, 오이, 양파, 깻잎을 차례로 올린다. 나머지 비빔장은 그릇에 따로 담아 상에 낸다.

1···2
3···4
5···6

저렴한 재료로 색다른 국수를 즐긴다
팽이버섯비빔국수

팽이버섯 1봉지
오이 1토막
양파 ½개
피망 또는 파프리카 약간
청양고추 1개
식용유·소금 약간씩
소면(1인분) 100g
양념장
고추장 2큰술
식초 1½큰술
매실 엑기스·맛술·참기름·
설탕 1큰술씩
고춧가루·다진 마늘 ½큰술씩
간장 1작은술

1. 양념장은 분량의 재료를 모두 넣고 30분~1시간 숙성시킨다.
2. 팽이버섯은 밑동을 잘라내고 가닥가닥 뜯어 준비한다. 오이 등의 채소는 적당한 크기로 채 썰고, 청양고추는 다진다.
3. 달군 팬에 식용유를 두른 후 양파와 피망(또는 파프리카), 소금을 약간 넣고 볶는다.
4. 양파가 투명하게 익으면 손질한 팽이버섯과 다진 청양고추를 넣고 센 불로 재빨리 볶는다.
5. 팽이버섯은 질겨질 수 있으므로 오래 볶지 않는다.
6. 소면은 삶아서 찬물에 헹궈 사리를 짓는다.
7. 채 썬 오이는 만들어둔 양념장을 조금 덜어 버무린다.
8. 고명으로 올릴 팽이버섯을 약간 남기고 소면과 나머지 채소는 양념장으로 고루 버무린다. 접시에 담고 팽이버섯과 오이 무침을 고명으로 얹어 상에 낸다.

1…2
3…4
5…6
7…8

싱싱한 굴이 제철일 때, 신선하게 굴 맛 즐기는 법
굴미역비빔국수

데친 생미역 250g
굴 200g
무 1토막
노랑·주황 파프리카 1⁄2개씩
오이 1⁄3개
소면(2인분) 200g
양념장
고추장·식초 3큰술씩
매실액 2큰술
고운 고춧가루 1큰술
설탕 1⁄2큰술
다진 마늘 2작은술
간장 1작은술
참기름·통깨 적당량씩

1. 생미역은 팔팔 끓는 물에 살짝 데쳐 찬물에 헹군 뒤 물기를 꼭 짜고 먹기 좋은 크기로 썬다.
2. 굴은 엷은 소금물에 가볍게 흔들어 씻어 헹군 다음 체에 밭쳐 물기를 뺀다.
3. 무는 채 썰고, 파프리카는 5cm 내외로 썰고, 오이는 어슷하게 반달썰기 한다.
4. 무와 오이는 소금을 약간 넣고 잠시 절인 후 물기를 꼭 짠다.
5. 양념장은 분량의 재료를 한데 섞어 미리 만든다.
6. 소면은 삶은 다음 찬물에 비벼 빨듯 여러 번 헹궈 전분기를 뺀 뒤 사리를 짓는다.
7. 미역, 굴, 무, 오이, 파프리카 등을 한데 담아 양념장의 반을 덜어 가볍게 버무린다.
8. ⑦에 양념이 고루 섞이면 ⑧의 소면을 넣고 양념을 조금 더 추가하고, 참기름도 한 방울 넣어 함께 버무린다. 통깨를 솔솔 뿌려 마무리한다.

1…2
3…4
5…6
7…8

냉국 또는 냉국수로, 두 가지 버전 여름 요리
참외미역냉국 & 냉국수

참외 1개
양파 · 오이 ½개씩,
청양고추 1개
홍고추 약간
불린 미역 한 줌
소금 · 설탕 · 통깨 약간씩
소면(1인분) 100g
양념 육수
멸치 육수 5컵
식초 3큰술
국간장 2큰술
매실청 · 설탕 1큰술씩
다진 마늘 ½큰술
소금 · 통깨 약간씩

1. 참외는 속을 털어내고 납작하게 썰고, 양파와 오이는 채 썬다. 청양고추는 다지고, 홍고추는 얇게 썬다.
2. 미역은 충분히 불려 물기를 꼭 짠 다음 설탕, 소금을 넣고 조물조물 무쳐 잠시 재운다. 물이 생기면 따라낸다.
3. ①의 참외, 양파, 오이는 소금과 설탕을 넣고 가볍게 무친 후 잠시 재운다. 물이 생기면 따라낸다.
4. 차게 식혀둔 멸치 육수에 분량의 식초와 국간장, 매실청, 설탕, 다진 마늘, 소금 등을 넣어 양념 육수를 만든다.
5. ④의 육수에 ②, ③의 재료를 넣고 섞은 다음 청양고추와 홍고추를 넣는다.
6. ⑤에 통깨를 넣고, 고소한 맛을 즐기려면 참기름도 한 방울 떨어뜨린다. 보다 시원하게 먹으려면 얼음을 띄운다.
7. 소면을 삶아 찬물에 헹군 다음 1인분씩 사리 지어 ④의 육수를 부어 냉국수로 먹어도 좋다.

쿨캣 Says… 냉국 간을 맞출 때는 진간장보다 국간장을 이용하세요. 국간장을 넣으면 맑은 색이 나고 깊은 맛을 더해 줍니다. 국수를 말아 먹을 때 냉국 국물이 좀 싱거워질 수 있으니 입맛에 맞춰 간을 조금 더 추가하세요.

입맛 돋우는 매콤한 가지가 국수를 만났다!
가지오이냉소면

가지 2개
오이 1개
청양고추 2개
소면(½인분) 200g
양념
간장 · 매실청 · 식초 · 맛술 1큰술씩
다진 마늘 ½큰술
소금 · 참기름 약간씩
육수
멸치 다시마 육수 4컵
식초 3큰술
국간장 · 매실청 1큰술씩

1. 가지는 깨끗이 씻어 1cm 두께로 길게 편으로 썬 다음 김 오른 찜통에 5~6분간 찐다.
2. 찐 가지는 넓은 그릇에 펼쳐 식힌 후 길이로 길게 찢는다.
3. 오이는 껍질째 소금으로 문질러 씻어 필러로 길게 자른 다음 세로로 5~6등분한다.
4. 가지, 오이, 굵게 다진 청양고추는 분량의 양념으로 무친다. 기호에 따라 개운한 맛을 즐기려면 얇게 채 썬 양파를 넣어도 좋다.
5. 국수는 삶아서 찬물에 헹궈 사리를 지어 둔다.
6. 양념한 ④의 나물에서 양념 물이 생기면 나물은 건져내고 분량의 육수를 부어 섞는다. 상큼한 맛을 더하려면 식초, 간장, 매실청을 넣는다.
7. 사리를 지어둔 국수는 적당량 그릇에 담고 미리 무쳐둔 나물을 올린다.
8. ⑦에 ⑥의 육수를 넉넉히 붓는다.

1…2
3…4
5…6
7…8

구수한 맛이 일품, 여름 보양식 일등 요리
검은콩국수

검은콩(서리태) 2컵
검은깨 ⅓컵
생수 2~3컵(기호에 맞게 농도 조절)
녹차 소면(2인분) 200g
오이 ½개
붉은 고추 1개
달걀지단 약간

1. 검은콩은 반나절 이상 불린 다음 센 불에 끓여 거품이 생기고 콩이 떠오르면 중불 이하로 낮춰 5~6분 정도 더 끓인다.
2. 삶은 콩에 검은깨를 넣고 생수를 조금씩 부어가며 곱게 간다. 이때 농도는 기호에 맞게 생수를 조절하여 맞춘다.
3. 국수는 물이 팔팔 끓을 때 넣어 거품이 생기면서 마구 끓어오르면 찬물을 한 컵 붓는다. 다시 한 번 거품이 끓어오르면 찬물을 붓고 다시 끓어오를 때 불에서 내린다.
4. ③의 국수는 찬물에 가볍게 비벼가며 여러 번 헹궈 전분기를 완전히 제거하고 적당한 크기로 사리를 짓는다. 그래야 국수 면발이 탱글탱글하고 붇지 않는다.
5. 오이와 붉은 고추는 채 썰고, 달걀지단은 마름모꼴로 썰어 고명을 준비한다.
6. 그릇에 사리를 지은 소면을 적당량 담고 콩 국물을 잘박하게 붓는다.
7. 준비한 고명을 얹어 마무리한다. 소금을 함께 상에 내서 먹기 직전 기호에 맞춰 넣는다.

쿨캣 Says… 콩을 너무 푹 삶으면 메주 냄새가 나고 고소한 맛도 떨어져요. 적당히 넘치지 않게 주의하며 살캉거리게 삶아야 고소한 맛을 즐길 수 있습니다. 부드러운 콩 국물을 원하면 삶은 콩을 찬물에 헹궈 손으로 껍질을 벗겨내고 간 후 다시 한 번 체에 거르세요. 하지만 콩 껍질에는 몸에 이로운 영양 성분이 다량 들어 있으니 식감이 조금 거친 듯해도 그냥 먹는 것이 좋답니다.

구수하고 담백한 재료의 조합, 건강을 부른다
수박오디들깨수제비

수박(큰 것) ¼개 분량 껍질
감자 중간 크기 2개
멸치 다시마 육수 7~8컵
청양고추 2개
홍고추 1개
대파 ½대
다진 마늘 ½큰술
들깨가루 2~3큰술
들기름·소금·국간장·약간씩
수제비 반죽
우리밀 통밀 2컵
소금 약간
올리브 오일 약간
오디즙 85㎖

1. 수박은 과육 부분을 깨끗이 발라내고 하얀 껍질 부분만 채 썬다.
2. 우리밀 통밀은 소금과 올리브 오일을 넣고 오디즙을 조금씩 부어 반죽한다.
3. 반죽 표면이 매끈해지면 랩이나 위생 비닐에 담아 냉장고에 30분 이상 숙성시킨다.
4. 달군 팬에 들기름을 두르고 채썬 수박 껍질과 다진 마늘, 소금을 넣어 달달 볶는다.
5. 수박이 약간 투명해지면 큼직하게 썬 감자를 넣고 함께 볶는다.
6. 감자 표면이 살짝 익으면 멸치 다시마 육수를 넉넉하게 붓는다.
7. ③의 반죽은 납작하게 늘려 떼어낸 다음 팔팔 끓는 ⑥의 국물 속에 넣고 반죽이 서로 달라붙지 않게 중간 중간 젓는다.
8. 감자가 익고 반죽이 떠오르면 들깨가루를 풀고 국간장과 소금으로 간을 맞춘다.
9. 마지막으로 송송 썬 청양고추, 홍고추, 대파를 넣고 한소끔 끓인다.

1…2 2…3 3…4 5…6 7…8 9

건강한 반죽과 어우러진 채소 육수가 시원하다
뽕잎수제비

멸치 다시마 육수 8컵
감자 2개
무 · 당근 1토막씩
생표고버섯 2개
새송이버섯 1개
애호박 · 양파 ½개씩
청양고추 · 붉은 고추 1개씩
대파 1대
다진 마늘 ½큰술
국간장 2큰술
소금 약간
수제비 반죽
유기농 밀가루 2컵
뽕잎가루 · 올리브 오일 1큰술씩
물 · 소금 적당량씩

1. 큰 볼에 분량의 밀가루와 뽕잎가루, 올리브 오일, 소금을 넣고 물을 약간씩 흘려 부어가며 반죽한다.
2. 뭉글뭉글 반죽이 어우러지면 글루텐 형성이 많이 되도록 오래 힘차게 치대어 차지게 만든다.
3. 반죽 표면이 매끈하고 탄력 있게 변하면 비닐이나 랩 등으로 감싸 냉장고에 넣어 30~40분가량 숙성시킨다.
4. 멸치 다시마 육수에 큼직하게 썬 감자, 무, 당근과 채 썬 표고버섯을 넣고 끓인다.
5. 감자가 살짝 익으면 새송이버섯을 넣고 끓인다.
6. ⑤에 미리 치대어 숙성 시킨 반죽을 손으로 늘려 얄팍하게 떼어내 넣고 서로 붙지 않도록 간간이 젓는다.
7. 수제비 반죽이 어느 정도 익어 떠오르면 반달썰기 한 애호박과 도톰하게 썬 양파, 다진 마늘을 넣어 한소끔 끓인다.
8. 마지막으로 송송 썬 고추와 대파를 넣고 국간장과 소금으로 간을 맞춘다.

1…2
3…4
5…6
7…8

시원하고 얼큰한 국물 맛, 일품 겨울 별미

김치수제비

잘 익은 김치 ¼포기
김치 국물 1컵
감자(중간 크기) 2개
애호박·양파 ½개씩
대파 ½대
청·홍고추 1개씩
생표고버섯 2개
멸치 다시마 육수 6컵
참송이버섯 반 줌
반죽
유기농 밀가루 1컵
소금·올리브 오일 약간씩

1. 분량의 밀가루는 소금과 올리브 오일을 약간 넣고 물을 조금씩 흘려 부어 반죽이 어우러지면 세게 치댄다.
2. ①은 비닐이나 랩 등으로 감싸 냉장고에서 1시간 정도 숙성시키면 더욱 쫄깃하고 맛있는 수제비를 만들 수 있다.
3. 김치와 감자는 숭덩숭덩 썰고, 애호박은 반달 모양으로, 양파, 대파는 적당한 크기로 채 썬다. 고추와 표고버섯도 채 썬다.
4. 멸치 다시마 육수에 표고버섯을 넣고 잠시 끓인다.
5. ④에 썰어 놓은 김치와 김치 국물, 감자를 넣고 팔팔 끓인다.
6. 김치가 부드럽게 익으면 미리 숙성시킨 반죽을 얇게 손으로 늘려 떼어 국물에 넣는다.
7. 반죽이 익어 떠오르면 ③의 애호박과 양파를 넣고 끓인다.
8. 애호박이 살짝 익으면 대파, 고추를 넣고 한소끔 끓인다.
9. ⑧에 송송 썰어 참기름으로 조물조물 무친 김치와 적당한 두께로 찢은 참송이버섯을 고명으로 함께 얹으면 더욱 맛있다.

1…2

3…4

5…6

7…8

9

시판 만두피로 수제비를 만든다고?
바지락만두수제비

바지락 1팩(200g)
감자 2개
당근 ¼개
애호박 ⅓개
양파 ½개
대파 ½대
청·홍고추·청양고추 1개씩
생만두피 1팩
육수
멸치·건새우 한 줌씩
다시마 2조각
국간장 1큰술
마늘·소금 1작은술씩
물 7½컵

1. 바지락은 엷은 소금물에 3~4시간 정도 담가 충분히 해감한다. 이때 검은 비닐이나 신문지 등으로 덮어 두면 해감이 더 잘된다.
2. 감자, 당근, 애호박 등의 채소는 모두 먹기 좋은 크기로 썬다.
3. 멸치와 새우, 다시마 등을 넣고 끓인 육수에 바지락을 넣고 가열해 조개가 입을 벌리면 바로 불을 끈다.
4. 입을 벌린 바지락은 오래 끓이면 질겨져 맛이 떨어지므로 따로 건져내 국물과 분리한다.
5. 바지락을 건져낸 육수에 감자와 당근을 넣고 끓인다.
6. 국물이 끓어오르면 적당한 크기로 찢은 만두피를 넣고 서로 붙지 않도록 휘휘 젓는다.
7. ⑥에 썰어놓은 애호박을 넣은 다음 양파, 청·홍고추, 대파를 넣는다. 매콤한 맛을 즐기려면 청양고추를 넣는다.
8. 간은 소금으로 맞추고 따로 건져둔 바지락을 넣고 고루 섞이도록 한 번 휘저어 한소끔 끓인다.

1…2 3…4 5…6 7…8

5

골뱅이팽이버섯전
굴대파전
마른해물전
메밀전
연근참치전
무팽이버섯전
뱅어포참치두부샌드구이
고갈비
봄동도토리묵무침
감자베이컨샐러드
마늘종베이컨말이
감자치즈구이
찹스테이크
고르곤졸라국떡피자
쁘띠두부김치
만두피라자냐
떡국그라탱
밥피자
시금치달걀스크램블
두부스크램블
어묵고구마가스
버섯소스두부스테이크
연어무쌈말이
훈제오리매운볶음
두부버섯콩나물찜

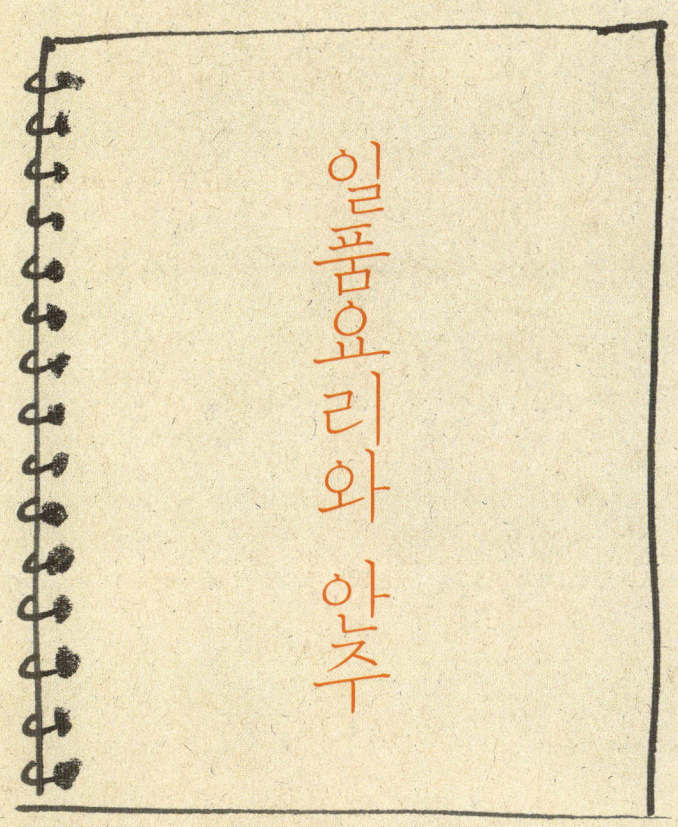

일품요리와 안주

손님상이나 안주, 단품으로 풍성한 상차림이 필요할 때 유용한 레시피를 모았다.
쿨캣의 다양한 경험으로 완성한 메뉴는
실제 따라 해 보면 함께 먹는 이들로 하여금 색다른 반응을 기대할 수 있다.

각종 채소와 두부로 만든 건강 별미 찜
두부버섯콩나물찜

두부 1모
콩나물 1봉지(240g)
마른 표고버섯 2장
멸치 다시마 육수 1¼컵
양송이버섯 6~7개
느타리버섯 ½팩
양파 ½개
대파 1대
찹쌀가루 2큰술
미나리 한 줌
양념장
고춧가루 3큰술
청주 2큰술
고추장·굴 소스·다진 마늘·
다진 파·간장 1큰술씩
설탕 1작은술
후춧가루·참기름 약간씩

1. 두부는 약간의 소금을 뿌려 밑간하고 키친타월로 물기를 제거한 다음 프라이팬에 앞뒤로 노릇하게 부친다. 이때 약한 불에서 서서히 수분을 말리듯 구워야 물이 생기지 않는다.
2. 콩나물은 꼬리를 떼어 손질하고 표고버섯은 물에 불려 채 썰고, 나머지 채소는 모두 먹기 좋은 크기로 썬다.
3. 분량의 재료로 양념장을 만들어 잠시 숙성시킨다.
4. ①의 두부에 양념장의 일부를 올리고 채 썬 표고버섯도 함께 올린다.
5. ④에 멸치 다시마 육수 1컵을 부어 간이 배도록 뚜껑을 덮고 약한 불로 서서히 조린다.
6. 두부에 얼추 간이 배면 준비한 콩나물과 양송이버섯, 느타리버섯, 양파, 대파, 그리고 나머지 양념장을 켜켜이 올린다. 이때 양념장은 다 넣지 말고 조금 남겨 둔다.
7. ⑥은 뚜껑을 덮어 센 불로 가열한 후 콩나물에서 수분이 나오고 익는 냄새가 나면 남겨둔 양념장과 멸치 다시마 육수 ¼컵에 분량의 찹쌀가루를 섞어 넣어 농도를 맞춘다.
8. ⑦에 미나리의 줄기 부분만 넣어 고루 저어 섞은 다음 참기름을 넣어 마무리한다.

1⋯2

3⋯4

5⋯6

7⋯8

출출한 주말 오후, 입맛 살리는 특제 레시피
훈제오리매운볶음

훈제오리 ½마리
양파 ½개
당근 1토막
노랑 · 빨강 파프리카 ½개씩
대파 1대
붉은 고추 1개
청양고추 2~3개
마늘 3~4쪽
식용유 1큰술

양념 소스
고추장 · 청주 2큰술씩
간장 · 설탕 · 매실청 · 고춧가루 ·
다진 마늘 · 통깨 1큰술씩
생강즙 1작은술
후춧가루 · 참기름 약간씩

1. 양파, 당근, 파프리카는 먹기 좋은 크기로 썬다. 대파와 고추는 어슷하게 썰고, 마늘은 저민다.
2. 분량의 재료로 양념 소스를 만들어 잠시 숙성시킨다.
3. ②에 훈제 오리를 넣고 가볍게 주물러 양념이 잘 배도록 잠시 재운다.
4. 달군 팬에 식용유를 두르고 저민 마늘을 넣어 타지 않게 볶아 마늘 향을 낸다.
5. ④에 파프리카와 당근, 양파를 넣고 숨이 약간 죽을 때까지 볶는다.
6. ⑤에 ③의 훈제 오리를 넣고 볶는다.
7. 양념이 고루 어우러지고 훈제 오리가 부드러워지면 붉은 고추와 청양고추, 대파를 넣고 잠시 더 볶는다.
8. 마지막으로 통깨를 뿌려 마무리한다.

1···2

3···4

5···6

7···8

손님상에 올리면 모양새 좋은 핑거 푸드
연어무쌈말이

훈제 연어(시판용) 반 팩
무쌈(시판용) 1팩
노랑·빨강 파프리카 1개씩
적양파 ½개, 당근 1토막
팽이버섯 한 줌, 무순 반 줌

파인 오렌지 소스
파인애플 ½쪽
오렌지 주스·올리브유 3큰술씩
발사믹 식초·레몬즙·
꿀 또는 아가베 시럽 1큰술씩
다진 마늘 1작은술
소금·후춧가루 약간씩

땅콩 소스
화이트 와인·땅콩 버터 2큰술씩
통깨·식초·레몬즙·꿀 또는
아가베 시럽·머스터드 소스 1큰술씩
소금 약간

1. 파프리카, 양파, 당근은 채 썰고 팽이버섯은 가닥가닥 떼고 무순은 흔들어 씻어 물기를 뺀다. 채소는 취향에 따라 집에 있는 것은 무엇이든 골라서 준비한다.
2. 분량의 재료를 한데 섞어 곱게 갈아 파인 오렌지 소스를 만든다. 이때 다진 파프리카를 적당량 섞는다. 농도는 오렌지 주스로 조절한다.
3. 분량의 재료를 한데 섞어 땅콩 소스를 만든다.
4. 훈제 연어 반 장을 손바닥에 올리고 채소들을 보기 좋게 얹는다. 훈제 연어를 반 정도로 잘라 말아야 무쌈을 쌀 때 크기가 잘 맞는다.
5. ④의 채소는 야무지게 돌돌 만다. 연어로 채소를 말 때 채소를 많이 넣으면 무쌈하기가 쉽지 않다.
6. ⑤의 훈제연어 롤은 무쌈을 이용해 위가 넓고 아래가 좁은 부채꼴 모양으로 한 번 더 감싸서 만나.
7. 둥글넓적한 큰 접시를 준비한 다음 가운데에 작은 소스 접시를 올리고 방사형으로 빙 둘러 담으면 완성.

1…2

3…4

5…6

두부 한 모로 만드는 폼 나는 별미 메뉴
버섯소스두부스테이크

생표고버섯 3개
양송이버섯 5개
팽이버섯 1봉지
양파 ½개
대파 ½대
두부(부침용) 1모
식용유 · 마늘 약간씩

소스
토마토케첩 3큰술
우스터소스 · 다진 마늘 2큰술씩
간장 · 청주 1큰술씩
물 ½컵
통후추 · 참기름 적당량씩
소금 약간

1. 생표고버섯과 양송이버섯은 모양을 살려 썰고 팽이버섯은 밑동을 자른 후 가닥가닥 뗀다. 양파는 채 썰고, 대파는 송송 썬다.
2. 두부는 도톰하게 썰어 소금을 뿌려 잠시 재운 다음 키친타월로 물기를 걷어낸다.
3. 달군 팬에 식용유를 두르고 ②의 두부를 넣어 약한 불에서 서서히 수분을 날리면서 노릇하게 굽는다. 그래야 두부에 물이 생기지 않는다.
4. 두부를 다른 그릇에 담고 다시 팬에 식용유를 두르고 편으로 썬 마늘을 볶아 향을 낸다. 표고버섯을 먼저 볶고 이어 양송이버섯과 양파도 함께 볶는다.
5. 양파가 투명하게 익으면 분량의 소스 재료를 부어 바글바글 조린다.
6. ⑤의 소스에 농도가 생기면 송송 썬 대파를 넣고 고루 뒤적인 다음 손질한 팽이버섯을 넣고 섞는다. 마지막으로 참기름을 뿌려 마무리한다.
7. 접시에 두부를 담고 소스를 듬뿍 올려 상에 낸다.

1…2 3…4 5…6 7

흔한 재료 어묵 두 장의 놀라운 변신
어묵고구마가스

도톰한 돔 어묵 2장
고구마 1개
마요네즈 1큰술
밀가루 ½컵
슬라이스 치즈 4장
달걀 2개
빵가루 ½컵
식용유 적당량

1. 어묵은 끓는 물에 살짝 데쳐 기름기와 유해 첨가물을 제거한 뒤 2등분한다.
2. 고구마는 쪄서 곱게 으깬 다음 마요네즈를 넣고 섞는다. 달콤한 맛을 즐기려면 설탕을 약간 넣어도 좋다.
3. 어묵은 밀가루 옷을 입히고 어묵 크기에 맞춰 슬라이스 치즈를 잘라 올린다.
4. ③ 위에 고구마를 얹고 다시 치즈를 올린 후 밀가루 옷을 입힌 어묵을 덮어 맞붙인다.
5. ④를 준비해 둔 달걀 물에 적신 후 빵가루로 다시 옷을 입힌다.
6. 팬을 달궈 식용유를 넉넉히 두르고 ⑤를 중불로 튀기듯 노릇노릇하게 측면까지 굴려가며 굽는다.

1···2
3···4
5···6

쿨캣 Says··· 시판용 빵가루를 사용할 때는 빵가루에 수분을 조금 더해 주는 것이 좋아요. 너무 바짝 말라 있는 빵가루는 뜨거운 기름에 닿으면 곧바로 타버리거든요. 비닐봉지에 빵가루를 넣고 물이나 우유를 조금씩 넣어 봉지째 비비세요. 빵가루가 살짝 뭉치는 느낌이 드는 정도가 적당합니다.

간단하지만 영양 가득 든든한 한 끼
두부스크램블

두부 ½모
양송이버섯 2개
양파 ½개
애호박 1토막
당근 ½토막
생표고버섯 1개
파프리카 약간
달걀 3개
우유 2큰술
허브 소금 · 식용유 약간씩

1. 두부는 면보나 키친타월에 올려 물기를 꼭 짠 다음 곱게 으깬다.
2. 양송이버섯, 양파, 애호박, 당근, 표고버섯, 파프리카 등의 채소는 잘게 썬다.
3. 달걀에 우유를 넣고 소금으로 간을 맞춘 뒤 고루 저어 멍울 없이 곱게 푼다.
4. 달군 팬에 식용유를 두르고 당근을 시작으로 표고버섯, 양파, 양송이버섯, 애호박, 파프리카 순으로 넣고 볶는다. 이때 소금으로 간을 맞춘다.
5. 두부에 물기가 많으면 스크램블이 질척해질 수 있으므로 팬을 살짝 달군 다음 으깬 두부를 넣고 물기를 말리듯 서서히 볶는다.
6. 볶은 두부에 ④의 채소를 넣어 함께 볶고 허브 소금을 뿌려 간을 맞춘다.
7. ⑥에 ③의 달걀 물을 붓고 재빠르게 휘저어 스크램블을 완성한다. 토마토케첩을 뿌려 먹어도 맛있다.

1…2

3…4

5…6

7

채소를 넣어 아이들 한 끼 식사로 충분하다

시금치달걀스크램블

시금치 ½단
달걀 3개
마늘 3쪽
양파 1개
맛술 2큰술
굴소스 ½큰술
소금·참기름 1작은술씩
검은깨 약간

1. 시금치는 깨끗이 다듬어 뿌리 쪽을 잘라 낱낱이 떼어 살짝 데친다.
2. 달걀은 맛술과 소금을 약간 넣어 멍울 없이 곱게 푼다.
3. 달군 팬에 기름을 두르고 채 썬 마늘을 넣어 타지 않게 볶아 마늘 향을 낸다.
4. ③에 씹히는 맛이 있도록 약간 굵직하게 채 썬 양파를 넣고 볶는다.
5. 양파가 살캉거리게 익으면 ①의 시금치를 넣고 고루 어우러지게 볶는다.
6. 다른 프라이팬을 달궈 기름을 살짝 두르고 ②의 달걀물을 붓고 재빨리 휘저어 스크램블한다.
7. 달걀이 몽글 몽글 뭉치면 ⑤를 넣고 함께 볶는다.
8. ⑦은 맛술과 굴 소스로 간하고, 참기름을 넣어 향을 낸다. 마지막으로 검은깨를 뿌려 마무리한다.

피자 좋아하고 밥 안 먹는 아이들을 위한 아이디어 메뉴

밥피자

피망 · 파프리카 · 양파 ½개씩
비엔나소시지 12개
찬밥(참기름 1큰술) 2공기
다진 마늘 1큰술
방울토마토 12개
참치(통조림) 1캔
토마토 페이스트
(또는 토마토케첩) 3큰술
모차렐라 치즈 한 줌
슬라이스 치즈 2장
소금 · 후춧가루 약간씩
올리브유 2큰술

1. 피망, 파프리카, 양파는 모두 적당한 크기로 썬다.
2. 비엔나소시지는 끓는 물에 살짝 데친 다음 동글동글 모양을 살려 썰고 다시 한 번 체에 밭쳐 뜨거운 물을 끼얹는다.
3. 찬밥은 전자레인지에 살짝 데운 후 참기름을 넣어 비빈다. 밥은 오븐 용기에 포일을 깔고 다지듯 꾹꾹 눌러가며 넓고 얄팍하게 빈틈없이 펼친다.
4. 달군 팬에 올리브유를 듬뿍 두르고 다진 마늘을 볶아 향을 낸 다음 양파를 넣어 볶는다. 이때 토핑으로 쓸 양파를 약간 남긴다.
5. ④의 양파가 투명하게 익으면 비엔나소시지와 반으로 자른 방울토마토를 볶는다. 방울토마토 역시 토핑으로 쓸 것을 약간 남긴다.
6. ⑤에 기름을 뺀 참치 통조림도 넣어 함께 볶는다. 간은 소금과 후춧가루로 한다.
7. ⑥에 토마토 페이스트가 있으면 넣고 없으면 토마토케첩을 넣고 볶는다.
8. ③의 밥 위에 ⑦을 넓게 펼쳐 덮는다.
9. ⑧에 적당한 크기로 자른 피망, 파프리카, 양파와 2등분한 방울토마토를 올려 토핑한다.
10. ⑨에 모차렐라 치즈를 소복하게 올리고 슬라이스 치즈도 듬성듬성 올린 다음 180℃로 예열한 오븐에 넣어 10분 정도 굽는다.

쿨캣 Says… 참기름으로 양념한 밥 도우를 먼저 오븐에 한 번 구운 다음 소스를 올리고 토핑을 해 구우면 누룽지 느낌이 나고 색다른 맛을 즐길 수 있습니다.

1…2
3…4
5…6
7…8
9…10

남은 떡국 떡이 고급 레스토랑 메뉴로 변신!
떡국그라탱

떡국 떡 두 줌
비엔나소시지 6~7개
양송이버섯 3~4개
방울토마토 12개
양파 ½개
피망 · 노랑 ·
빨강 파프리카 ¼개씩
모차렐라 치즈 · 체다 치즈 적당량씩
화이트소스
밀가루 · 버터 1½큰술씩
우유 1컵
소금 · 후춧가루 약간씩

1. 단단한 떡은 물에 불리거나 살짝 데쳐 부드럽게 준비한다.
2. 비엔나소시지, 양송이버섯, 방울토마토, 양파, 피망, 파프리카는 먹기 좋은 크기로 썬다.
3. 화이트 소스는 달군 팬에 버터를 녹이고 밀가루를 넣어 타지 않게 볶은 뒤 우유를 조금씩 흘려 부어 멍울 없이 푼다. 멍울이 완전히 없어지면 중불 이하로 끓인 다음 소금, 후춧가루로 간을 맞춘다.
4. ②의 채소는 달군 팬에 소금을 약간 넣고 볶는다.
5. 오븐용 내열 용기 바닥에 버터를 살짝 바르고 떡국 떡, 화이트소스, 볶은 채소를 겹겹이 쌓아 올리고 맨 윗부분에 화이트소스를 듬뿍 얹는다.
6. ⑤ 위에 모차렐라 치즈를 뿌리고, 체다 슬라이스 치즈를 듬성듬성 찢어서 올린다.
7. 180℃로 예열한 오븐에 넣어 15분가량 치즈가 녹을 정도로만 노릇하게 굽는다.

1…2

3…4

5…6

7

손쉬운 재료로 만드는 특급 별식 레시피
만두피라자냐

다진 양파 3큰술
다진 마늘 2큰술
양송이버섯 8개
다진 쇠고기 150g
올리브 오일 2큰술
바질 토마토소스 400g
월계수 잎 1장
시판 만두피 8~10장
모차렐라 치즈 ·
파마산 치즈 한 줌씩
피자용 치즈 2장
화이트 와인 · 소금 · 후춧가루 ·
파슬리 가루 약간씩
생수 적당량

1. 달군 팬에 올리브 오일을 두르고 다진 양파와 다진 마늘을 볶아 향을 낸다.
2. ①에 양송이버섯은 4개만 다져 넣고 볶는다. 매콤한 맛을 즐기려면 페페론치노도 약간 넣는다.
3. ②에 다진 쇠고기를 넣고 볶다가 누린내를 없애기 위해 화이트 와인과 소금, 후춧가루를 넣어 간한다.
4. 쇠고기가 완전히 익으면 토마토소스와 월계수 잎을 1장 넣고 고루 섞이도록 잘 저으면서 끓여 미트 토마토소스를 완성한다. 진하다 싶으면 물을 약간 붓는다.
5. 만두피는 끓는 물에 담갔다 2~3초 후에 바로 건져 찬물에 식힌다. 라자냐가 있는 경우 삶아서 사용한다.
6. 오븐용 그릇 바닥에 미트 토마토소스를 깔고, 그 위에 남은 양송이버섯 4개를 편으로 썰어 한 층 덮는다.
7. ⑥에 미트 토마토소스를 덮고, 만두피 두 장을 겹쳐 깐다.
8. ⑦에 미트 토마토소스를 살짝 바르고 모차렐라 치즈와 파마산 치즈를 듬뿍 얹는다. 양송이버섯, 소스, 만두피, 치즈를 올리는 것을 반복한 다음 마지막에 피자용 치즈를 손으로 찢어 듬성듬성 올린다.
9. ⑧은 180℃로 예열한 오븐에 넣어 치즈가 노릇하게 변할 정도로 구워 파슬리 가루를 뿌려 낸다.

1…2

3…4

5…6

7…8

9

한입에 쏙… 간단하게 만드는 인기 안주
쁘띠두부김치

배추김치 ¼ 포기
참치(통조림) 1캔
고추장 · 고춧가루 1작은술씩
통깨 · 참기름 적당량씩
두부 1모
식용유 · 새싹채소 약간씩

1. 달군 팬에 식용유를 두르고 잘게 썬 김치를 넣고 볶는다.
2. 김치가 부드럽게 익으면 기름기를 뺀 참치를 넣고 고추장과 고춧가루를 약간 넣어 함께 볶는다.
3. ②에 통깨와 참기름을 넣고 고루 섞어 마무리한다.
4. 두부는 끓는 물에 데쳐낸 다음 6등분해 도톰하게 썬다.
5. 두부는 윗부분을 티스푼 등을 이용해 동그랗게 속을 파낸다. 수저로 동그랗게 홈을 파면 위에 재료를 미끄러지지 않고 안정적으로 잘 올릴 수 있다.
6. 두부의 홈을 파낸 곳에 볶은 참치김치를 올리고 그 위에 새싹채소를 한 번 더 올린다.

No! 밀가루 웰빙 피자, 맛과 영양을 모두 잡았다
고르곤졸라떡국떡피자

떡국 떡 2컵
떠먹는 플레인 요거트 1개
모차렐라 치즈 두 줌
고르곤졸라 치즈 약간
체다 슬라이스 치즈 2장
파슬리 가루 약간
꿀·메이플 시럽 1큰술씩

1. 떡국 떡은 끓는 물에 데쳐 부드럽게 만든 다음 체에 밭쳐 물기를 뺀다.
2. 오븐용 팬에 종이 포일을 깔고 떡국 떡을 빈틈없이 편편하게 펼쳐서 올린다.
3. 펼쳐놓은 떡 위에 떠먹는 플레인 요거트를 듬뿍 바른다.
4. 요거트 위에 모차렐라 치즈를 수북이 올리고 고르곤졸라 치즈도 듬성듬성 올린다. 고르곤졸라 치즈는 짠맛이 강한 편이라 많이 올리지 않는다.
5. 슬라이스 치즈는 대충 손으로 찢어 듬성듬성 올린다.
6. 180℃로 예열한 오븐에 ⑤를 넣고 10여 분 정도 구워 치즈가 완전히 녹아 노릇해지면 꺼내어 파슬리 가루를 뿌린다.
7. 따끈하게 구워진 떡국떡피자 위에 고르곤졸라 치즈와 잘 어울리는 꿀과 메이플 시럽을 끼얹는다.

1···2

3···4

5···6

집에서 만들면 더 맛있는 인기 만점 고기 요리

찹스테이크

스테이크용 채끝살 200g
양송이버섯 · 생표고버섯 2개씩
노랑 · 빨강 파프리카 ¼개씩
양파 ½개
청양고추 1개
페페론치노 3개
마늘 4쪽
마늘종 한 줌
소금 · 후춧가루 · 레드 와인 ·
로즈메리 약간씩
버터 · 올리브유 · 통후추 적당량씩
소스
바비큐 소스 · 우스터소스 ·
레드 와인 2큰술씩
홀그레인 머스터드 1큰술
간장 · 설탕 1작은술씩
소금 ½작은술

1. 스테이크 고기는 소금과 후춧가루를 뿌려 재운 다음 2cm 크기로 조금 큼직하게 썰고 레드 와인과 로즈메리를 약간 넣어 버무린다.
2. 양송이버섯, 표고버섯, 파프리카, 양파는 큼직하게 썰고, 청양고추와 페페론치노는 송송 썰고, 마늘은 편으로 썬다.
3. 분량의 재료를 한데 섞어 소스를 만든다.
4. 표고버섯은 ③의 소스를 약간 넣고 버무려 잠시 재운다.
5. 마늘종은 4~5cm 길이로 썬 다음 소금을 약간 넣은 끓는 물에 데쳐 물기를 뺀다.
6. 달군 팬에 올리브유를 두르고 센 불에서 재빨리 스테이크 고기를 볶듯이 굽다가 ④의 표고버섯을 넣고 볶는다.
7. 구운 고기는 덜어내고 프라이팬에 페페론치노, 마늘, 양송이버섯, 양파, 파프리카, 마늘종, 청양고추 순으로 넣어 볶는다.
8. ⑦에 덜어둔 고기와 소스를 모두 넣고 센 불에서 고루 어우러지게 1분 정도 볶는다. 다 볶은 고기와 채소를 덜어내고 남은 소스 국물에 버터와 통후추를 넣고 한번 끓인 다음 찹 스테이크 위에 끼얹으면 풍미가 깊다. 집에 파인애플 슬라이스가 있으면 소스를 끓일 때 넣어 주어도 맛있다.

1…2
3…4
5…6
7…8

어른 아이 모두 좋아하는 든든한 별식

감자치즈구이

감자(중) 5개
햄(통조림) ½캔
치즈 3장
당근 1토막
양파 ½개
피망·파프리카 색깔별로 약간씩
달걀 2개
마요네즈 1큰술
소금·후춧가루·식용유 적당량씩

1. 감자는 찐 다음 뜨거울 때 곱게 으깬다.
2. 햄은 끓는 물에 데쳐 기름기와 첨가물을 제거하고 잘게 다진다.
3. 치즈는 비닐째 칼로 꾹꾹 힘주어 눌러 칼자국이 남게 한다.
4. 달군 팬에 식용유를 두르고 잘게 다진 당근, 양파, 피망, 파프리카 등을 볶는다. 이때 소금, 후춧가루로 간한다.
5. 으깬 감자에 ④와 햄, 치즈를 넣어 고루 섞고 재료가 쉽게 뭉쳐지도록 달걀 1개를 넣고 소금, 후춧가루, 마요네즈로 간한다.
6. ⑤의 반죽은 익은 재료라 겉면만 익히면 되므로 도톰하고 동글납작한 모양으로 빚는다. 만약 반죽의 농도 조절이 어려우면 찹쌀가루나 밀가루를 아주 소량 넣어 조절한다.
7. ⑥은 나머지 달걀을 푼 물에 담가 옷을 입힌다.
8. ⑦은 달군 팬에 식용유를 넉넉하게 두르고 앞뒤로 노릇노릇 익힌다. 이때 치즈가 녹아 부스러지기 쉬우니 여러 번 뒤적이지 않는다. 한김 식으면 치즈가 단단해져 쉽게 부스러지지 않는다.

1…2

3…4

5…6

7…8

쉽고 폼 나는 술안주가 필요할 때 제격!
마늘종베이컨말이

1…2

3…4

마늘종 ⅓묶음
소금 약간
베이컨 6줄
허니 머스터드(또는 발사믹
글레이즈 소스) 적당량
검은깨 · 파슬리 가루 약간씩

1. 마늘종은 길이로 3등분해서 팔팔 끓는 물에 소금을 약간 넣고 담갔다가 건지듯 파랗게 데친다.
2. 데친 마늘종은 찬물에 재빨리 헹궈 물기를 뺀다.
3. 물기 뺀 마늘종은 5~6가닥 정도 모아 잡고 베이컨으로 돌돌 만다.
4. 달군 팬에 기름을 두르고 베이컨으로 만 끝 부분이 바닥으로 가도록 팬에 올린다. 한쪽 면이 완전히 익으면 가볍게 굴리며 골고루 익힌다.
5. 위에 검은깨와 파슬리 가루를 뿌리고 허니 머스터드나 발사믹 글레이즈 소스와 함께 상에 낸다.

맥주와 곁들이면 이보다 더 좋을 수 없다
감자베이컨샐러드

감자 5개
오이 ½개
베이컨 3줄
소금 약간

드레싱
마요네즈 · 플레인 요거트 ·
홀그레인 머스터드소스
2큰술씩
홀스래디시소스 ·
디종 머스터드소스 ·
아가베 시럽 1큰술씩
후춧가루 · 소금 약간씩

1. 감자는 껍질을 벗겨 속까지 익힌 다음 1개만 곱게 으깬다. 나머지 감자는 부스러지지 않게 한김 식힌 후 한입 크기로 깍둑썰기 한다.
2. 반달썰기 한 오이는 소금에 살짝 절여 물기를 꼭 짠다.
3. 베이컨은 3cm 내외 폭으로 썰어 노릇노릇 구운 다음 키친타월로 기름기를 걷어낸다.
4. 분량의 재료를 한데 섞어 드레싱을 만든다.
5. 으깬 감자를 제외한 모든 재료는 드레싱을 부어 고루 섞는다.
6. 마지막으로 으깬 감자를 넣고 고루 버무린다.

1…2
3…4
5…6

제철 봄동을 제대로 즐기는 특별한 방법
봄동도토리묵무침

도토리묵(1모) 400g
봄동 1포기
양파 ¼개
깻잎 10장
달래 한 줌
오이 1토막
청·홍고추 1개씩
양념장
고춧가루·간장·식초 2큰술씩
다진 파·참기름·매실액·맛술 1큰술씩
까나리 액젓·다진 마늘 ½큰술씩
소금·설탕 ½작은술씩
통깨 약간

1. 묵은 4×5cm 정도의 크기로 도톰하게 썬다. 묵칼로 썰면 모양도 예쁘고 집을 때 덜 미끄러진다.
2. 봄동은 낱낱이 한 잎씩 떼어내 작은 잎은 그대로 쓰고 조금 큰 것은 먹기 좋은 크기로 썬다.
3. 분량의 재료를 한데 섞어 양념장을 만든 다음 잠시 숙성시킨다.
4. 양파는 채 썰고, 깻잎은 큼직하게 썰고, 달래는 먹기 좋은 크기로 자르고, 오이는 어슷하게 썰고, 고추는 송송 썬다.
5. 봄동과 오이, 양파에 양념장의 반을 넣고 버무린다.
6. 양념이 골고루 묻으면 도토리묵과 깻잎, 달래, 청·홍고추를 넣고 나머지 양념장으로 가볍게 버무린다.
7. 고소한 맛을 즐기려면 참기름을 한 방울 떨어뜨리고 통깨를 듬뿍 뿌린다.

1…2

3…4

5…6

7

추억의 감칠맛 술안주, 밥반찬으로도 그만!

고갈비

자반고등어(중간 크기) 2마리
쌀뜨물 적당량
전분(또는 밀가루) · 통깨 · 쪽파 약간씩
고등어 밑간
청주 2~3큰술
후춧가루 · 레몬즙 약간씩
양념장
청주 2큰술
고추장 · 고춧가루 ·
간장 · 매실액 · 물엿 ·
다진 대파 1큰술씩
다진 마늘 · 참기름 ½큰술씩
생강즙 ½작은술
후춧가루 약간

1. 자반고등어는 쌀뜨물에 30분 정도 담가 짠맛을 뺀다.
2. ①의 자반고등어에 청주, 후춧가루, 레몬즙을 뿌려 재워 비린내를 없앤다.
3. 분량의 재료로 양념장을 만들어 잠시 숙성시킨다.
4. 재워둔 고등어에 전분 또는 밀가루를 얇게 뿌려 옷을 입힌다. 그대로 굽는 것보다 옷을 입혀 구우면 모양도 유지되고 양념장을 바른 후 껍질이 쫄깃해진다.
5. 팬에 식용유를 살짝 두르고 종이 포일을 깐 다음 고등어를 올려 약한 불로 서서히 굽는다. 약한 불에서 조리하면 오메가 3와 같은 영양소 손실을 최소화할 수 있고 풍부한 육즙을 즐길 수 있다.
6. 앞뒤로 노릇노릇하게 구워지면 미리 만들어 둔 양념장을 바른 다음 살짝 더 굽는다.
7. ⑥에 통깨와 송송 썬 쪽파를 고명으로 올린다.

1…2
3…4
5…6
7

매콤하고 고소한 맛에 자꾸만 젓가락이 간다
뱅어포참치두부샌드구이

뱅어포(반으로 자른 것) 4장
두부 ¼모
참치(통조림) 1캔
밀가루 2큰술
식용유 적당량
참치두부소 양념
다진 파 · 맛술 1큰술씩
전분 ⅔큰술
다진 마늘 ½큰술
참기름 1작은술
후춧가루 약간
양념장
고추장 · 물엿 · 청주 2큰술씩
통깨 1큰술
다진 마늘 · 참기름 1작은술씩

1. 분량의 재료를 한데 섞어 양념장을 만든다.
2. 뱅어포는 티를 골라낸 후 소가 잘 붙을 수 있도록 밀가루를 살짝 뿌린다. 밀가루가 잘 묻지 않으면 물을 이용해 가볍게 스프레이한다.
3. 두부는 칼등으로 으깨 물기를 가볍게 짠다.
4. 참치 통조림은 기름을 따라내고 으깬 두부와 분량의 양념으로 버무려 참치두부소를 만든다.
5. 만들어 둔 ④의 소 중 반을 덜어 뱅어포 위에 빈틈없이 눌러가며 편편하게 깐다. 손을 이용하면 다른 도구를 이용하는 것보다 쉽고 편하다.
6. 한 면에 밀가루를 묻힌 뱅어포는 밀가루가 묻은 부분이 참치소와 붙도록 마주 붙인다.
7. 달군 팬에 식용유를 두르고 재료가 잘 붙도록 뒤집개로 꾹꾹 눌러 가며 중약불로 노릇하게 굽는다. 뱅어포가 워낙 얇아서 불이 세면 금방 타버리니 주의한다.
8. 노릇하게 구운 뱅어포에 양념장을 솔이나 숟가락 등을 이용해 바른다.
9. 불에 올려 아주 살짝만 구우면 완성. 한김 식힌 다음 먹기 좋은 크기로 썬다.

1…2
3…4
5…6
7…8
9

제철 무로 담백한 맛을 즐긴다
무팽이버섯전

무 · 양파 ½개씩
팽이버섯 1봉지
청 · 홍고추 1개씩
달걀 1개
밀가루 1½컵
소금 · 식용유 적당량씩

1. 무는 곱게 채 썰고 양파도 너무 가늘지 않게 채 썬다. 무와 양파에 소금을 조금 뿌려 잠시 절인 후 물이 나오면 따라버린다.
2. 팽이버섯은 밑동을 자르고 낱낱이 뜯어 3등분한다.
3. 청·홍고추는 씨를 털어내고 잘게 채 썬다.
4. 달걀 물을 풀어 밀가루에 넣고 소금으로 간한 뒤 고루 섞어 되직한 반죽을 만든다.
5. 준비한 재료를 반죽에 넣어 재료가 엉길 정도로 섞는다.
6. 달군 팬에 식용유를 두르고 반죽을 적당한 크기로 떠올려 동그랗게 모양을 잡아 노릇노릇하게 앞뒤로 부친다.
7. 무팽이버섯전에 초간장을 곁들여 낸다.

1…2

3…4

5…6

7

빈속에 한 잔 할 때 좋은 영양 만점 레시피
연근참치전

통연근 1개
식촛물 적당량
참치(통조림) 1캔
다진 파 · 다진 파프리카 1큰술씩
다진 마늘 ½큰술
밀가루 ½컵
달걀 2개
소금 · 후춧가루 · 식용유 약간씩

1. 연근은 필러로 껍질을 깨끗이 벗긴 다음 모양을 그대로 살려 동그랗게 썰어 식촛물에 잠시 담근다. 갈변을 방지하고 특유의 흙냄새를 없애기 위해서다.

2. 팔팔 끓는 물에 소금을 약간 넣고 연근을 살캉거리게 데친 뒤 체에 밭쳐 물기를 뺀다.

3. 참치는 체에 밭쳐 기름을 빼고 잘게 부숴 으깬 뒤 다진 파, 다진 파프리카, 다진 마늘과 함께 볼에 담는다. 여기에 분량의 밀가루와 달걀 1개, 후춧가루를 넣어 고루 섞어 반죽해서 참치소를 만든다. 간은 소금으로 맞춘다.

4. 밤톨만 하게 떼어낸 참치소를 손으로 굴려 동그랗게 모양을 잡아준다.

5. 참치소에 밀가루를 묻히고 물기를 뺀 연근에도 밀가루 옷을 입혀 참치소가 잘 붙을 수 있게 한다.

6. 옷을 입힌 연근 사이에 참치소를 넣고 손으로 가만히 눌러 맞붙인다.

7. 나머지 달걀을 마저 풀어 준비한 연근참치를 담근다.

8. ⑦은 달군 팬에 기름을 두르고 중불로 노릇노릇하게 굽는다.

1…2
3…4
5…6
7…8

메밀의 구수한 맛을 살리는 간단 조리법이 포인트
메밀전

배춧잎 5~6장
쪽파 한 줌
메밀 부침가루 2컵
물 4컵
식용유 · 소금 약간씩

1. 배춧잎과 쪽파는 다듬어 씻은 다음 물기를 뺀다. 배춧잎 대신 잘 익은 배추김치를 사용해도 된다.
2. 메밀 부침가루는 분량의 물을 부어 반죽한다. 일반 밀가루 반죽보다 다소 질고 무르게 반죽한다. 메밀가루와 물은 1 : 1.5로 반죽하는 것이 일반적인데 1 : 1.8~2 정도까지도 괜찮다. 소금을 약간 넣어 간을 맞춘다.
3. 달군 팬에 기름을 두르고 메밀 반죽을 한 국자 떠 넣고 둥글게 편다.
4. ③의 반죽에 배춧잎과 쪽파를 가지런히 올린다. 메밀전은 단순하게 만드는 것이 메밀 고유의 맛을 살리는 비결. 토핑은 많이 올리지 않는다.
5. 한쪽 면이 다 익으면 서둘러 뒤집은 다음 배춧잎이 잘 익도록 뒤집개로 잠시 누른다. 나머지 면을 완전히 익히면 완성.

쿨캣 Says… 100% 메밀가루는 다소 퍽퍽하고 색깔도 시커멓고 다루기 어려워요. 이때, 메밀가루와 밀가루가 7 : 3 비율의 믹스 제품을 사용하세요. 또한 메밀 반죽을 할 때는 일반 밀가루 반죽보다 질고 무르게 하는 것이 좋아요.

1…2

3…4

5

바삭바삭 씹히는 식감이 살아 있다
마른해물전

마른 홍합 · 마른 새우 · 쪽파 한 줌씩
통밀가루 1컵
달걀 1개
마른 표고버섯 2개
홍고추 2개
소금 약간
물 적당량

1. 마른 홍합은 물에 잠시 불린 다음 굵게 다진다. 이때 불린 물은 버리지 말고 반죽할 때 사용한다.
2. 마른 새우는 물에 가볍게 씻어 살짝 불린 후 굵게 다져 ①의 홍합과 한데 섞는다. 말린 상태로 다지면 쉽게 부서진다.
3. 쪽파는 손질한 다음 4cm 내외로 짧게 썬다.
4. ①~③의 재료는 모두 섞는다.
5. ④에 밀가루와 달걀을 풀고 소금을 약간 넣어 반죽한다. 여기에 불려서 곱게 다진 표고버섯을 넣고 골고루 섞는다.
6. 달군 팬에 식용유를 두르고 반죽을 한 수저씩 떠올린다. 적당한 크기로 모양을 잡고 송송 썬 홍고추를 고명으로 올리고 앞뒤로 노릇노릇하게 부친다. 이때 뒤적이지 말고 한 면이 다 익으면 한 번만 뒤집는다.
7. 한 수저씩 부치는 게 번거로우면 큼직하게 부친다.

1…2
3…4
5…6
7

굴과 대파의 만남, 시원한 해산물의 풍미가 느껴진다
굴대파전

굴 300g
대파 6대
달걀 3개
청양고추·홍고추 2개씩
식용유 적당량
반죽
부침 가루 2컵
달걀 1개
후춧가루 약간
물 2컵

1. 굴은 가볍게 흔들어 씻은 후 체에 밭쳐 물기를 뺀다.
2. 대파는 한 뼘 남짓한 길이로 길게 토막 낸 다음 길이로 반을 가르고 굵게 채 썬다. 청양고추와 홍고추는 송송 썬다.
3. 달걀은 미리 풀어 소금을 약간 넣고 달걀 물을 만든다.
4. 반죽은 부침가루에 달걀 1개와 후춧가루, 물을 넣어 고루 섞는다.
5. 달군 팬에 식용유를 두르고 썰어 놓은 대파를 가지런히 올린다. 이때 불은 중불을 유지한다.
6. 파가 살짝 숨이 죽으면 반죽을 고르게 붓고 물기를 뺀 굴과 고추를 듬뿍 올린다.
7. 파전의 가장자리가 익기 시작하면 미리 풀어 둔 ③의 달걀 물을 끼얹는다.
8. 한쪽 면이 완전히 익으면 한 번 뒤집어 양쪽 면을 모두 익힌다.

1…2
3…4
5…6
7…8

출출한 밤, 쉬운 재료로 후다닥 전 하나!
골뱅이팽이버섯전

골뱅이(통조림) ½캔
팽이버섯 1봉지
쪽파 한 줌
밀가루 2~3큰술
달걀 1개
검은깨 약간
청양고추·붉은 고추 1개씩
식용유 적당량

1. 골뱅이는 체에 밭쳐 팔팔 끓는 물로 끼얹은 다음 먹기 좋은 크기로 썰고, 팽이버섯은 밑동을 잘라 두어 번 썬다. 쪽파는 깨끗이 다듬어 짧게 썬다.
2. ①의 재료를 한데 담아 어우러질 정도로 밀가루를 넣고, 달걀도 넣는다.
3. ②의 재료가 한데 어우러지면 검은깨를 넣는다.
4. ③에 채 썬 청양고추와 붉은 고추를 넣어 매콤한 맛과 색을 더한다.
5. 달군 팬에 기름을 넉넉히 두르고 반죽을 한 숟가락씩 올려 앞뒤로 노릇노릇하게 부친다. 한쪽 면이 완전히 익으면 딱 한 번만 뒤집어야 부서지지 않는다.
6. 조금씩 부치는 게 번거로우면 한 번에 크게 부쳐도 좋다.
7. 부쳐낸 골뱅이팽이버섯전은 초간장보다 초고추장과 잘 어울린다. 기호에 따라 선택한다.

1…2

3…4

5…6

7

6

사라다빵
김치샌드위치
밥도그
두부고추장소스샌드위치
피시커틀릿샌드위치
훈제오리샌드위치
길거리 토스트
요거트머랭프렌치토스트
바나나크림수프
사과크림수프
감자크림수프
밤크림수프
단호박크림수프
토마토달걀수프
감자치즈수프
두유쌀수프

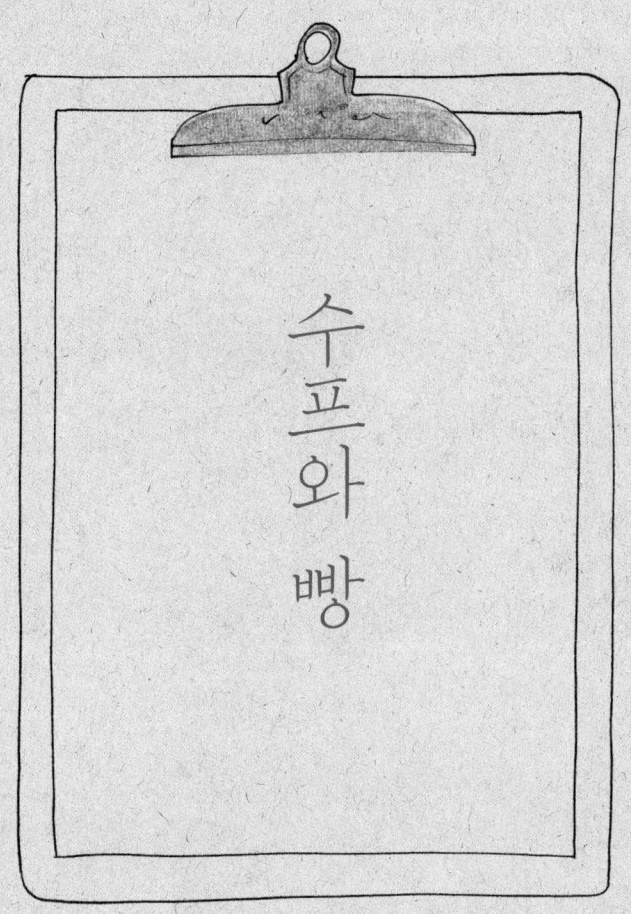

수프와 빵

수프, 토스트, 샌드위치 등 다양한 메뉴를 집에서
손쉽게 따라 할 수 있도록 접근했다. 어릴 적 엄마 간식이 생각나는 추억의 레시피.
무엇보다 고급 레스토랑에서 맛볼 수 있는 수프 레시피에 눈길이 간다.

영양 만점 두유로 만든 Non 밀가루 레시피
두유쌀수프

쌀 1컵
캐슈넛 한 줌
검은깨 적당량
버터 1큰술
두유 3컵
물 2컵
생크림 · 소금 약간씩

1. 쌀은 깨끗이 씻어 충분히 불린 다음 물기를 뺀다.
2. 캐슈넛과 검은깨는 미리 기름을 두르지 않은 팬에 볶는다.
3. 냄비를 달궈 버터를 녹인 다음 불린 쌀을 볶는다.
4. 캐슈넛도 넣어 함께 볶는다.
5. 쌀알이 살짝 익어 투명해지면 두유와 물을 붓고 눌어붙지 않게 저어 가면서 끓인다.
6. 쌀이 퍼져 죽이 어우러지면 볶아 놓은 검은깨를 넣고 핸드 블렌더 등을 이용해 간다.
7. ⑥에 생크림을 약간 넣고 소금으로 간을 맞춘 다음 한소끔 더 끓인다.

1…2
3…4
5…6
7

든든하고 깊은 풍미를 즐기려면
감자치즈수프

양파(중간 크기) 1개
양배추 잎 2~3장
감자(큰 것) 2개
우유 300㎖
생크림 50㎖
유기농 체다 치즈 2장
파마산 치즈가루 1큰술
올리브유 1큰술
버터 10g
소금 약간

1. 바닥이 두꺼운 냄비를 달군 후 올리브유와 버터를 함께 녹인다.
2. 버터가 완전히 녹으면 채 썬 양파를 넣고 중불 이하로 볶는다. 약한 불에서 진한 갈색이 날 정도로 뭉근히 볶아야 맛있다.
3. ②의 양파가 거의 다 볶아지면 채 썬 양배추를 넣고 함께 볶는다.
4. ③의 양배추가 숨이 죽으면 채 썬 감자를 넣고 함께 볶는다. 이때 소금을 약간 넣어 간한다.
5. ④의 감자가 살캉거리게 익어 투명해지면 분량의 우유와 생크림을 붓는다.
6. ⑤의 재료가 완전히 익으면 불에서 내려 핸드 블렌더나 믹서 등을 이용해 곱게 간다.
7. ⑥을 다시 냄비에 붓고 슬라이스 치즈를 넣어 중불로 다시 한 번 끓인다.
8. ⑦에 파마산 치즈가루를 넣고 농도는 기호에 맞게 우유로 조절한다. 치즈가 고루 섞이도록 한소끔 끓인 다음 불에서 내린다.

1…2

3…4

5…6

7…8

267

중국 요리 전문점에서 먹어본 바로 그 맛!
토마토달걀수프

토마토 3개
양파 ¼개
애호박 1토막
대파 1대
양송이버섯 2개
달걀 1개
참기름 1큰술
후춧가루 적당량

1. 토마토는 십자로 칼집을 넣고 끓는 물에 잠시 담갔다 건져내 껍질을 벗긴다.
2. ①의 토마토는 적당한 크기로 듬성듬성 썬다.
3. 양파, 애호박, 대파는 채 썰고 양송이버섯은 모양을 살려 저며 썬다.
4. 줄알을 칠 달걀은 미리 충분히 부드럽게 푼다.
5. 달군 팬에 식용유를 두르고 대파와 양파를 넣고 볶아 향을 낸다.
6. ⑤에 토마토와 양송이버섯을 먼저 넣어 살짝 볶는다.
7. ⑥에 애호박을 넣어 함께 볶는다.
8. ⑦에 미리 팔팔 끓여둔 뜨거운 물을 붓고 소금으로 간한다.
9. 재료가 완전히 익으면 ④의 달걀 물을 부어 줄알을 친다.
10. 달걀이 몽글몽글하게 익으면 참기름을 넣어 마무리한다. 기호에 따라 후춧가루를 더한다.

1…2
3…4
5…6
7…8
9…10

달콤함에 반하고 부드러움에 두 번 반한다
단호박크림수프

단호박 ½통
버터 1½큰술
밀가루 2큰술
우유 1½컵
생크림 ½컵
소금·후춧가루 약간씩

1. 단호박은 찜통에 찌거나 전자레인지를 이용해 완전히 익힌 다음 숟가락으로 속살을 긁어낸다.
2. 달군 팬에 버터와 밀가루를 넣고 타지 않게 볶아 루를 만든다.
3. 연한 베이지색으로 볶아진 루에 우유를 조금씩 부어 멍울이 생기지 않게 고루 저어가며 끓인다. 농도는 기호에 맞춰 우유를 부어 가며 조절한다. 이어 생크림도 약간 넣어 함께 끓인다.
4. 농도가 생기면 준비해 둔 단호박을 넣고 고루 섞은 뒤 소금과 후춧가루로 간을 맞춘다.
5. 고운 단호박 수프를 원하면 핸드 블렌더 등에 한 번 더 갈고, 고소한 맛을 즐기려면 생크림을 약간 넣어 한소끔 더 끓인다.

1…2

3…4

5

온 가족 건강 책임지는 슈퍼 푸드
밤크림수프

삶은 밤 20알
양파 ¼개
양배추 잎 2장
식빵 1장
버터 1큰술
밀가루 1½큰술
우유 2컵
생크림 1컵
소금·후춧가루 약간씩

1. 밤은 삶은 다음 껍질을 벗긴다. 껍질을 벗기기 어려우면 반으로 갈라 속을 파낸다.
2. 양파와 양배추는 채 썰고 식빵은 작게 주사위 모양으로 썬다.
3. 자른 식빵은 팬에 노릇하게 구워 그루통을 만든다.
4. 팬을 달군 다음 버터를 녹이고 밀가루를 타지 않게 볶는다.
5. ④에 양파와 양배추를 넣고 타지 않게 볶는다.
6. ⑤의 양파가 노르스름하게 익으면 밤을 넣고 볶는다. 고명으로 사용할 밤 2~3개는 남겨둔다.
7. 냄비에 절반 분량의 우유를 붓고 중불로 뭉근히 저어가며 끓여 농도가 생기면 남은 우유와 생크림을 넣고 끓인다. 이때 우유는 나중에 농도를 조절하기 위해 조금 남긴다.
8. ⑦은 핸드 블렌더나 믹서 등을 이용해 곱게 간다.
9. ⑧의 밤이 갈리면서 걸쭉하게 변한 수프는 다시 한 번 불에 올리고 우유를 부어 농도를 맞춘다.
10. 기호에 따라 소금과 후춧가루로 간하고, 노릇하게 구운 그루통과 남겨둔 밤을 올려 완성한다.

1…2 2…
3…4
5…6
7…8
9…10

부드럽게 녹아드는 담백하고 고소한 맛이 일품!
감자크림수프

감자(중) 2개
양배추 잎 2~3장
양파 ½개
대파 ½대
버터·밀가루 1큰술씩
우유 1½컵
치킨 스톡 1개
생크림 ½컵
파슬리 가루 약간

1. 감자는 납작썰기 하고 양배추, 양파, 대파는 채 썬다.
2. 달군 팬에 분량의 버터를 녹인 후 양파와 대파를 먼저 볶아 향을 낸 다음 밀가루를 넣고 함께 볶는다.
3. ②에 감자와 양배추를 넣고 함께 볶는다.
4. ③의 양배추가 부드럽게 익으면 재료가 잠길 정도로 우유를 붓고 치킨 스톡을 넣은 뒤 뭉근히 끓인다.
5. 재료가 완전히 익으면 믹서나 핸드 블렌더 등을 이용해 간다. 더욱 부드럽고 고운 입자의 수프를 원하면 다시 한 번 체에 거른다.
6. ⑤의 재료를 다시 불에 올린 후 생크림을 넣고 농도는 우유를 부어 조절한다.
7. 그릇에 담고 생크림을 올리고 파슬리 가루를 뿌려 장식한다.

조금 특별하게 즐기는 향긋한 사과 요리
사과크림수프

사과(큰 것) 1개
양파 1개
양배추 잎 3~4장
버터 10g
올리브 오일 약간
화이트와인 1큰술
우유 300㎖
생크림 100㎖
소금 ¼작은술
계피가루 약간

1. 사과는 껍질을 벗겨 적당한 크기로 채 썬다. 양파와 양배추는 사과와 비슷한 크기로 채 썬다.
2. 바닥이 두꺼운 냄비를 달궈 버터와 올리브 오일을 넣어 녹인다. 버터와 올리브 오일을 함께 사용하면 칼로리 부담도 덜하고, 발화점이 낮은 버터가 타는 것을 방지해 준다.
3. 버터가 완전히 녹으면 채 썬 양파를 넣고 약한 불로 갈색이 나도록 뭉근히 볶는다.
4. 양파가 충분히 볶아지면 채 썬 양배추를 넣고 살짝 볶는다. 이때 약간의 소금으로 간 한다.
5. 양배추가 숨이 죽으면 채 썬 사과를 넣고 함께 볶는다.
6. 사과가 충분히 익으면 분량의 화이트와인과 우유를 넣는다.
7. ⑥의 재료가 눌어붙지 않도록 바닥까지 저어가며 완전히 익힌 다음 믹서나 핸드 블렌더 등을 이용해 곱게 간다.
8. 갈아 놓은 사과 수프를 냄비에 붓고 분량의 생크림을 넣어 다시 한소끔 끓인다. 농도는 우유로 맞추고 소금으로 간한다. 그릇에 담아낼 때 계피가루를 뿌린다.

1…2
3…4
5…6
7…8

새까맣게 멍든 바나나의 화려한 변신
바나나크림수프

멍든 바나나(큰 것) 2개
캐슈넛 적당량
버터·우리 밀 1½큰술씩
우유 1½컵
생크림 ½컵
소금 한 꼬집
계피가루 약간

1. 바나나는 적당한 크기로 동글게 썬다.
2. 캐슈넛은 기름을 두르지 않은 팬에 볶은 다음 굵직하게 다진다.
3. 달군 팬에 버터를 녹인 다음 분량의 밀가루를 볶는다. 견과류를 볶은 팬을 사용하면 더 고소한 맛이 난다. 적당히 볶아지면 우유를 조금씩 부으면서 고루 저어 멍울이 생기지 않게 끓인다.
4. ③이 걸쭉해지면 바나나를 넣고 함께 끓인다.
5. 바나나가 익어 흐물거리면 불에서 내려 핸드 블렌더 등을 이용해 간다. 입자가 고운 수프를 원하면 곱게 갈아 다시 한 번 체에 내린다.
6. ⑤를 다시 불에 올리고 분량의 생크림을 부어 농도를 맞춘다. 소금으로 간하고 ②의 캐슈넛을 섞은 뒤 먹기 전에 계피가루를 뿌린다.

1…2

3…4

5…6

구름인 양 몽실몽실… 색다르게 즐긴다
요거트머랭프렌치토스트

밤식빵 3~4쪽
견과류 적당량씩
달걀 2개
설탕 2큰술
플레인 요거트 1병
버터(또는 식용유) 약간
소금 약간
시나몬 파우더·메이플 시럽 적당량씩

1. 식빵은 조금 도톰하게 썬다.
2. 토핑으로 올릴 견과류는 굵직하게 다진다.
3. 달걀은 흰자와 노른자를 분리한다.
4. 물기가 없는 차가운 볼에 달걀흰자를 넣고 설탕을 두 번에 나누어 넣은 후 열심히 저어서 뿔이 설 정도로 단단하게 머랭을 만든다.
5. 분리한 노른자는 살짝 휘핑한 다음 플레인 요거트와 소금을 약간 넣어 섞는다.
6. ⑤에 식빵을 담가 충분히 적신 다음 단단하게 휘핑한 머랭을 식빵에 고루 묻힌다.
7. 달군 팬에 버터나 식용유를 두르고 ⑥의 식빵을 은근한 불로 앞뒤로 굽는다.
8. 노릇하게 구워진 프렌치토스트 위에 시나몬 파우더를 뿌리고 메이플 시럽과 다진 견과를 올린다.

1···2

3···4

5···6

7···8

매콤 칼칼한 특별한 토스트를 즐기고 싶다면…
길거리 토스트

햄(통조림) 1캔
청양고추 2개
당근 1토막
양파 ½개
양배추 1쪽(채 썬 것 두 줌 분량)
달걀 3개
소금·후춧가루·설탕·
버터(또는 식용유) 약간씩
식빵·상추 4장씩
딸기잼·허니 머스터드·
토마토케첩 적당량씩

1. 햄은 끓는 물에 살짝 데쳐 채 썬다.
2. 청양고추는 잘게 다지고, 당근, 양파와 양배추는 채 썬다.
3. 햄과 채소는 한데 모아 달걀, 소금, 후춧가루, 설탕을 넣어 간을 맞춘 다음 고루 섞어 반죽을 만든다.
4. 달군 팬에 버터 또는 식용유를 두르고 식빵 크기만큼 반죽을 소복이 올리고 달걀이 살짝 익어 표면이 뭉치기 시작하면 숟가락 등으로 가장자리 부분을 살살 모아가며 네모 모양을 만들어 은근한 불로 굽는다.
5. 식빵은 기름을 두르지 않은 그릴 프라이팬에 굽거나 버터나 식용유를 살짝 두르고 굽는다.
6. 식빵의 한쪽 면에 딸기잼을 바르고 상추와 ④의 달걀 지짐을 차례로 올린 다음 허니 머스터드와 케첩을 뿌리고 남은 식빵에 딸기잼을 발라 덮는다.

그슬린 풍미가 살아나 더욱 맛있다!

훈제오리샌드위치

훈제 오리 슬라이스 10조각
상추 · 치커리 2~3장씩
양파 · 토마토 ½개씩
빨강 · 노랑 파프리카 ½개씩
잡곡 식빵 2쪽
버터 1작은술
발사믹 글레이즈 약간
머스터드 소스
마요네즈 3큰술
프렌치 머스터드 · 홀그레인 머스터드 ·
아가베 시럽 2큰술씩

1. 먼저 분량의 재료로 머스터드 소스를 만든다.
2. 훈제 오리는 달군 팬에 노릇하게 구워 키친타월에 올려 기름을 뺀다.
3. 상추 등의 잎채소는 얼음물에 잠깐 담가 생생하게 살아나면 키친 타월에 올려 물기를 제거한다.
4. 양파, 토마토, 파프리카는 모양을 살려 둥글게 슬라이스한다.
5. 잡곡 식빵은 달군 그릴에 올려 그릴선이 나오도록 굽는다.
6. 구워낸 빵에 눅눅해지지 않도록 얇게 버터를 바른 다음 ①의 소스를 바른다.
7. ⑥에 상추, 치커리 등의 채소를 올리고 머스터드 소스를 바른 다음 토마토 슬라이스와 양파 슬라이스를 올리고 머스터드 소스를 바른다.
8. ⑦에 ②의 훈제 오리를 올리고 머스터드 소스를 바른 다음 파프리카를 얹는다.
9. ⑧에 발사믹 글레이즈를 뿌린 후 상추를 덮는다. 버터와 머스터드 소스를 바른 잡곡 식빵을 덮어 마무리한다.

1…2
3…4
5…6
7…8
9

남은 명절 음식으로 만든 아이디어 레시피
피시커틀릿샌드위치

전유어(명태전 또는 대구전 등) 4쪽
달걀 2개
토마토 1개
치커리 · 로메인 상추 · 청겨자 잎 2장씩
빵가루 1컵
파슬리 가루 ½큰술
잡곡 식빵 4장
슬라이스 치즈 4장
식용유 · 버터 · 홀스래디시소스 ·
허니 머스터드 · 발사믹 글레이즈 소스
약간씩

1. 명절에 먹고 남은 명태전이나 대구전 등은 풀어놓은 달걀 물을 입힌다.
2. 토마토는 모양을 살려 동글게 슬라이스한다.
3. 잎채소는 깨끗이 씻어 키친타월에 올려 물기를 완전히 제거한다.
4. 빵가루는 비닐봉지에 담아 파슬리 가루를 약간 넣고 섞은 다음 ①의 전유어를 넣고 꾹꾹 눌러가며 옷을 입힌다.
5. 남은 달걀 물은 지단을 부친다.
6. 달군 팬에 식용유를 넉넉히 두르고 ④의 전유어를 앞뒤로 노릇하게 굽는다.
7. 식빵은 그릴선이 나오도록 노릇하게 구운 뒤 버터, 홀스래디시소스를 얇게 펴 바른다.
8. ⑦에 잎채소, 구워낸 전유어, 토마토, 달걀지단, 슬라이스 치즈를 차례로 올린 후 허니 머스터드와 발사믹 글레이즈 소스를 뿌리고 다시 잎채소를 올린 후 버터, 홀스래디시소스를 바른 식빵을 덮어 마무리한다.

1…2
3…4
5…6
7…8

칼칼하고 토속적인 맛의 일품 별미
두부고추장소스샌드위치

잡곡 식빵 4장
두부 ⅔모
감자(큰 것) 1개
소금·후춧가루 적당량씩
달걀 2개
로메인 상추·
치커리 등의 잎채소
약간씩
고추장 소스
마요네즈 2큰술
고추장·연유·
허니 머스터드 1큰술씩

1. 식빵은 그릴 프라이팬에 올려 그릴선이 생기도록 바삭하게 굽는다.
2. 두부는 도톰하게 썰어 소금을 약간 뿌려 물기를 뺀 다음 노릇하게 굽는다.
3. 감자는 곱게 채 썰어 달군 팬에 기름을 약간 두르고 중불에서 볶는다. 이때 소금과 후춧가루를 넣어 간을 맞추고 감자가 투명하게 익어 전분기가 나오면 물을 조금 넣어 마구 휘젓는다.
4. 감자에서 나온 전분으로 인해 서로 달라붙으면 한 덩어리로 모양을 잡은 다음 달걀을 깨뜨려 올려 그대로 익힌다.
5. 볼에 분량의 소스 재료를 모두 넣고 매콤한 고추장 소스를 만든다.
6. 구워낸 식빵에 고추장 소스를 듬뿍 바르고 잎채소를 올린 다음 두부, 감자달걀 구이를 차례로 올리고 잎채소를 얹은 뒤 고추장 소스를 바른 식빵으로 덮는다.

1…2
3…4
5…6

밥과 핫도그가 만났다. 재미로 맛으로 한 개 뚝딱!

밥도그

표고버섯 2개
양파 · 청피망 · 노랑 ·
빨강 파프리카 ¼개씩
당근 1토막
프랑크소시지 2개
식빵 4장
밥 1공기
파마산 치즈 2큰술
슬라이스 치즈 4장
달걀 2개
소금 · 파슬리 가루 약간씩
설탕 한 꼬집
토마토 케첩 적당량

1. 버섯, 양파, 피망, 당근 등의 채소는 잘게 썬다.
2. 프랑크소시지는 끓는 물에 데쳐 유해 첨가물을 제거한다.
3. 식빵은 밀대로 납작하게 민 다음 테두리 부분을 자른다.
4. 달군 팬에 식용유를 약간 두른 다음 ①을 살짝 볶다가 소금 두 꼬집 정도로 간한다. 밥이 뭉칠 수 있으므로 식용유는 많이 두르지 않는다.
5. 따끈한 밥에 ④와 파마산 치즈 가루를 넣고 고루 비빈다.
6. ⑤의 밥은 반으로 나눠 가볍게 눌러 길쭉하게 모양을 잡은 뒤 가운데에 데친 소시지를 넣어 밥으로 완전히 감싼다.
7. 말기 쉽도록 랩을 큼직하게 잘라 펼친 다음 그 위에 테두리를 자른 식빵을 올리고 다시 치즈를 가지런히 올려 준비한 밥도그를 김밥 말듯이 꾹꾹 눌러가며 만다. 이때 식빵이 이어지는 부분에 물을 살짝 바르면 식빵끼리 잘 달라붙는다.
8. 돌돌 만 밥도그는 랩으로 싼 상태 그대로 모양이 잡히도록 잠시 둔다.
9. 물 대신 국수나 스파게티를 이용해 고정하는 방법도 있다. 고정시킬 부위에 면을 찔러 넣으면 모양 좋게 고정시킬 수 있다.
10. 달걀은 소금과 설탕으로 간한 다음 밥도그를 넣어 돌돌 굴려 고루 달걀옷을 입힌다. 고운 색감을 위해 달걀물에 파슬리 가루를 약간 넣는다.
11. ⑩의 밥도그는 달군 팬에 식용유를 두르고 중불에 굴려가며 노릇하게 굽는다.
12. 노릇하게 구워 낸 밥도그는 꼬치를 끼우고 토마토 케첩 등을 곁들인다.

1…2
3…4
5…6
7…8
9…10
11…12

김치 싫어하는 아이들을 위한 퓨전 레시피
김치샌드위치

달걀 2개
고구마 2개
김치 ¼포기
잡곡 식빵 4장
슬라이스 치즈 2장
로메인 상추 · 치커리 약간씩
버터 · 허니 머스터드 · 깨소금 ·
참기름 약간씩
고구마 샐러드
마요네즈 2큰술
허니 머스터드 1큰술
설탕 1작은술
소금 약간

1. 달걀은 반숙 또는 완숙으로 프라이한다. 고구마는 찐 다음 뜨거울 때 곱게 으깨 마요네즈와 허니 머스터드, 설탕, 소금을 넣고 버무려 고구마 샐러드를 만든다.
2. 김치는 잘게 썰어 국물을 꼭 짜서 달군 팬에 기름을 두르고 볶은 다음 깨소금과 참기름을 넣고 섞는다.
3. 식빵은 그릴선이 나오도록 구운 다음 버터를 얇게 펴 바른다.
4. ③에 로메인 상추를 올리고 허니 머스터드를 약간 바른다.
5. ④에 ①의 달걀프라이와 ②의 볶은 김치를 듬뿍 얹는다.
6. ⑤는 구운 식빵으로 덮고 고구마 샐러드를 듬뿍 바른다.
7. ⑥에 치커리, 치즈를 올리고 허니 머스터드를 한 번 더 바른다.
8. ⑦에 버터를 얇게 펴 바른 식빵으로 덮어 마무리한다.

1…2
3…4
5…6
7…8

어릴 적 먹었던 추억의 빵을 재현한다!
사라다빵

사과(설탕 1작은술) 1개
양배추 잎 3장
오이(소금 ½작은술) 1개
양파(소금 ½작은술) ½개
주황·빨강 파프리카
½개씩
감자 3개
크래미 5줄
파슬리 가루 약간
버터 1작은술
귀리빵 또는 식빵 2장
슬라이스 치즈 2장

사과 채소 소스
마요네즈·토마토케첩
2큰술씩
머스터드 1큰술
설탕 1작은술
소금·후춧가루 약간씩

감자 소스
마요네즈·플레인 요거트·
디종 머스터드·
연유 2큰술씩
소금·후춧가루 약간씩

1. 사과는 갈변을 막기 위해 채 썰어 설탕을 뿌려 잠시 재운다.
2. 양배추는 채 썰어 찬물에 담갔다 건져내 물기를 뺀다.
3. 오이와 양파는 채 썰어 소금에 잠시 절인 후 물기를 꼭 짠다.
4. ①~③의 채소와 채 썬 파프리카 등의 샐러드 재료는 모두 한데 넣고 분량의 사과 채소 소스를 넣어 버무려 사과채소샐러드를 만든다.
5. 감자는 쪄서 뜨거울 때 으깬 후 분량의 감자 소스, 크래미와 파슬리 가루를 넣어 버무려 감자샐러드를 만든다.
6. 빵은 반을 가르고 버터를 얇게 바른다.
7. ⑥에 치즈, 감자샐러드, 사과채소샐러드 순으로 올리고 남은 빵에 버터를 발라 덮는다.

1…2

3…4

5…6

7

오늘의 건강 집 밥

초판 1쇄 발행 2015년 3월 3일

지은이 김남연
펴낸이 이대희
펴낸곳 지훈출판사

기획편집 에프북
마케팅 윤태영
교정, 교열 김혜정
디자인 디자인 올
경영지원 안지영, 김정미
공급처(서경서적)
전화 02-737-0904 **팩스** 02-723-4925

출판등록 2004년 8월 27일 제300-2004-167호
주소 서울시 종로구 내자동 167-2 인왕빌딩 1층
전화 02-738-5535
팩스 02-738-5539
E-mail jihoonbook@naver.com

편집저작권ⓒ2015지훈출판사
ISBN 978-89-91974-48-7 13590

잘못 만들어진 책은 구입하신 서점에서 교환하여 드립니다.